# 儿童时间管理

燕子 小小果◎著

把自己的**时间**安排得**明明白白**

天津出版传媒集团

天津科学技术出版社

**图书在版编目（CIP）数据**

儿童时间管理 / 燕子，小小果著. -- 天津 ：天津
科学技术出版社，2021.9（2023.2重印）
ISBN 978-7-5576-9652-8

Ⅰ．①儿… Ⅱ．①燕… ②小… Ⅲ．①时间－管理－
儿童读物 Ⅳ．①C935-49

中国版本图书馆CIP数据核字(2021)第171748号

儿童时间管理
ERTONG SHIJIAN GUANLI
责任编辑：李晓琳

出　　版：天津出版传媒集团
　　　　　天津科学技术出版社
地　　址：天津市西康路35号
邮　　编：300051
电　　话：（022）23332695
网　　址：www.tjkjcbs.com.cn
发　　行：新华书店经销
印　　刷：唐山市铭诚印刷有限公司

开本 880×1230　1/32　印张5　字数 100 000
2023年2月第1版第3次印刷
定价：36.00元

　　小朋友，相信你肯定听过"一寸光阴一寸金，寸金难买寸光阴"这句话。时间对于我们每个人来说都很宝贵，每一分每一秒逝去了都不会重来，所以我们应该珍惜每天的时间，好好学习，用心生活。

　　时间也是这个世界上最公平的东西，无论是谁，每个人每天都一样拥有 24 个小时。

　　有的人善于利用时间，从而把生活、学习、工作管理得井井有条；有的人不会管理时间，以致把日子过得乱七八糟。

　　这就是为什么要学会管理时间的必要所在。

　　很多优秀的人在年少的时候就懂得管理时间，为自己的时间做规划。他们懂得时间的重要性，从不挥霍时间；他们会为自己做适合的时间安排，会提前为重要的事情做足准备，因为合理安排时间就等于节约时间；他们懂得为事情排好先后顺序，很少会有事情堆在一起无从下手的时候；他们会利用琐碎时间，走到哪里都会带个小本子，以便随时做笔记。他们高度自律，他们是时间的主人。

有人会问，时间管理很难吗？

一位时间管理大师说，时间管理有三点要则：一是要懂得把时间分成不等的片段，然后合理安排；二是要安排好做事的先后顺序；三是会利用零碎时间。时间管理其实并不难，难的是有恒心、有毅力，且用心专注地做一件事情。

学会管理时间，把时间合理有效地利用好，学习工作会更高效，自然也就少了很多烦恼，生活也会变得更丰富精彩，人生则会更充实且有意义。少年儿童是未来世界的主人翁，早早学会时间管理，不仅可以拥有美好的童年时光，还能为人生打好基础。

另外，人是习惯的奴隶，学会时间管理还需要养成好的习惯，并持之以恒，也要改掉不好的习惯。

心怀梦想的人总是能充分利用好自己的每一天时间，让生活过得更快乐、更自在，从而更接近自己的目标，进而在未来的某一天真正实现自己的梦想。总之，能善待时间的人，时间也不会辜负他。

笔者创作这本书的目的就是要让少年朋友意识到时间的重要性，学会自主管理时间，能够合理安排自己的时间。

书里的主人公也是一名小学生，他刚开始的时候也不会管理时间，在爸爸妈妈、老师的指导和帮助下，他慢慢尝试管理时间，最后变成了一个会合理规划时间的小能手。

请边看故事，边参照"时间管理法则"规划自己的时间，相信你也能成为一个时间管理高手！

# 目录 CONTENTS

# 第一章

# 认识时间很重要

## 时间看不见也摸不着

今天是马晓阳的生日，他可开心了，因为能收到爸妈准备的生日礼物，能吃到美味的蛋糕，还能许愿、吹蜡烛。

"祝你生日快乐，祝晓阳生日快乐……"

"谢谢爸爸，谢谢妈妈。"

"等等，晓阳，从今天开始，你就又长大一岁了。想一想，在这一年当中，都发生了什么？"妈妈神秘兮兮地提出问题。

"嗯……让我想想：春天，我和爸爸一起去公园放风筝；夏天，我们一家去度假村过暑假；秋天，我们过了一个难忘的中秋节；冬天，我和小朋友们一起打雪仗。这一年过得可真快啊！"

"没错，我们家晓阳的小脑瓜记得还挺多！"

"我们一起拍个全家福吧！"说着，爸爸已经准备好了照相机，咔嚓——

"让我看看，让我看看！"晓阳迫不及待地说，"爸妈，你们快看，我比去年长高了，也长胖了！爸爸比去年老了一点儿，妈妈嘛，变年轻了！"

"哈哈哈——"

"哈哈——哈哈——"

生日在欢声笑语中度过了。晓阳真想让今天过得慢点儿，再慢点儿。不过，在这个生日，马晓阳有了新的想法和感受：时间可真是神奇，看不见也摸不着，却改变了很多很多东西。

## 感知时间

### 1. 用计时工具感知

· 闹钟的秒针每走一秒都会发出"嘀嗒"的声音，借此感知时间在有节奏地变化。

· 将起床闹铃设置为"每隔 5 分钟响铃一次"。

· 准备一个 10 分钟计时器，记住出发点，看看 10 分钟走了多少路。

· 买一个 20 分钟的沙漏，利用等待沙子全部漏到底部的时间去做一件事，感知时间的流逝。

### 2. 玩游戏感知

· 玩"捉迷藏"游戏，约定"数到十，睁开眼睛"。

· 玩"一二三，木头人"游戏，数到"三"，不许动。

· 玩"老狼老狼几点啦"游戏，老狼说"开饭啦"，调转方向往原点跑。

· 玩"狼人杀"游戏，在"天黑请闭眼""猎人请睁眼""预言家请睁眼"的等待过程中感知时间的流逝。

## 认识时间

### 1.认识时钟

准备一个有时针、分针、秒针的钟表。

· 认识秒针：表盘中最长、最细的那根针叫秒针，有的钟表的秒针是红色的，非常好区分，它比分针和时针跑得快，它每跑一圈，分针才跑一格。

· 认识分针：相比秒针和时针，分针不长也不短、不细也不粗，它每跑一圈，时针跑一格。

· 认识时针：时针又短又粗。它走到数字1，代表60分钟过去了；它走完钟表的一圈，代表12个小时过去了。

### 2.制作一个"飞轮时钟"

准备工具：一张软纸板，一把剪刀，一个图钉，一支中性笔，一个圆规。

做法：

①用圆规在软纸板上画一个圆形。

②用剪刀将圆形剪下来。

③在圆形纸板的内圈上按钟表的样子平均分出12个小格，并在相应的位置标注1~12的数字。

④在剩余的软纸板上分别剪出时针、分针和秒针，然

后用图钉依次钉入秒针、分针、时针的一端。

⑤将穿入秒针、分针、时针的图钉钉在圆形纸板的中心，即圆规在圆形纸板中央留下原点痕迹的位置。

一个"飞轮时钟"就做好啦！转动秒针、分针、时钟试试吧！

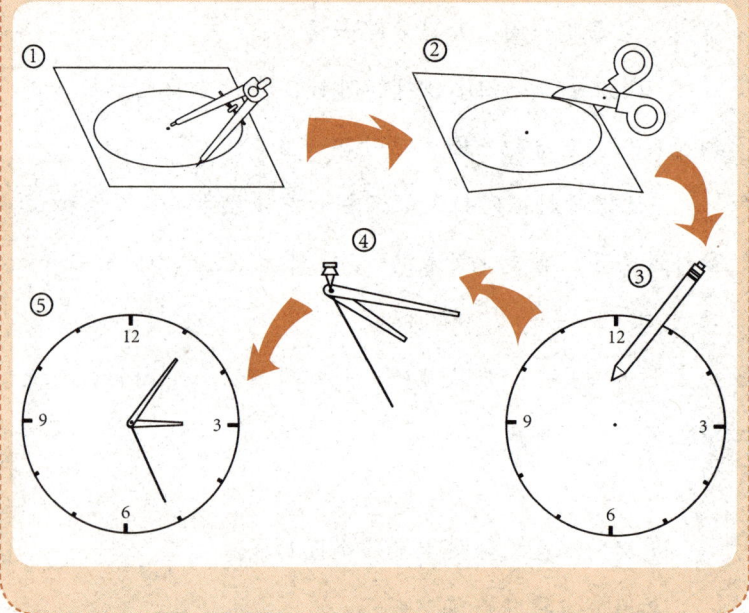

## 我们用时间做什么

"晓阳，妈妈要出门去趟超市，大概 20 分钟以后回来，你乖乖在家看电视哦！"

"嗯，好的，妈妈。记得帮我买一块橡皮回来！"

"好好，没问题。"

妈妈出门去买菜了，接下来的时间就是"小鬼当家"的时间了。晓阳悠闲地坐在沙发上，打开电视机，"哇哦，这么多想看的电视节目，不过我还是最想看《名侦探柯南》，因为柯南又酷又聪明……"

"丁零零——丁零零——"电话响了。

"喂？爸爸，妈妈出门了。"

"哦哦，晓阳，一会儿妈妈回来你告诉她，路上有点儿堵车，我可能晚一点儿到家。"

"嗯，好。爸爸注意安全！"

"好，乖孩子。"

挂掉电话，晓阳赶紧回到电视机前继续看动画片，可是第一集已经演完了，不过好在还有第二集。时间过得可真快，一转眼，沙漏里的沙子已经漏到底部了。

"还想再看看其他节目，可是妈妈说沙子漏完要去做别的事。"晓阳只好恋恋不舍地关掉电视机。

妈妈买菜回来了。

"晓阳，快来帮妈妈择豆角！"

"来了！"

"今晚做你最爱吃的豆角炒肉，还有爸爸爱吃的排骨。"

"太棒了！"

晚饭过后，妈妈负责洗碗，爸爸负责擦饭桌，晓阳则要完成今天的家庭作业——写一篇关于时间的日记，主题是"我们用时间做什么"。晓阳的一天过得很充实，区区一篇日记可难不倒他！

不知不觉，已经晚上 9 点钟了。晓阳的日记写完了，也到了洗漱睡觉的时间。

"爸妈，晚安！"

"晓阳，晚安。"妈妈说。

"晚安。"爸爸说。

## ⏱ 制作时间"饼图"

　　你每天是如何利用自己的时间的呢？试着把一天的行动通过一张"饼图"表现出来。这样，我们就能知道自己一天到底都做了些什么了。

　　**准备工具**：纸，彩色铅笔，圆规，量角器。

　　**做法**：

　　①在纸上画一个大大的圆形，以圆点为中心，用量角器每隔15度，在圆形的边上做标记，用铅笔在每个标记处与原点连线，将这个圆形分成24等份。并在每个标记处做标注，代表一天的24个时间点。

②在圆形上填写自己一天 24 小时的活动，填完后用彩色铅笔把相同或相似的事情涂上相同颜色，例如"上午上课"和"下午上课"可以涂上绿色，"早饭""午饭""晚饭"可以涂上黄色。

③涂好颜色后，自己一天的行动就一目了然啦！

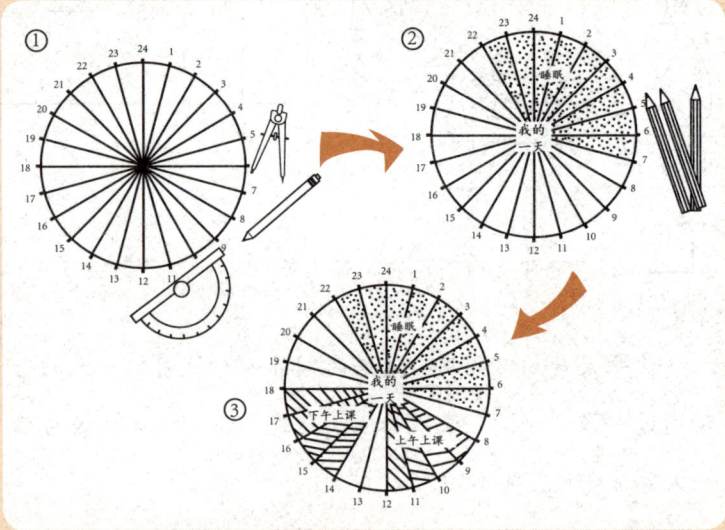

**注意事项**：填写要做的事情时，先不用考虑得太过详细，像早上穿衣、洗脸、刷牙、上厕所这样的事，可以简单地概括为"早上的准备"，像看动画片、读绘本、玩玩具可以概括为"业余活动"。

**温馨提示**：请确认能保证充足的睡眠时间，早上起床的时间不会影响上学。

## 一年 365 天，一天 24 小时 🕐

　　妈妈今天的心情特别好，一早上起来就开始宣布："咳咳，今天有三个好消息要宣布，晓阳和爸爸快过来开会！"

　　"第一个好消息，今天是我和爸爸的结婚纪念日……"

　　"鼓掌！"爸爸一边说一边鼓掌。

　　"妈妈，您和爸爸结婚几年了？"

　　"10 年呀。"妈妈微笑着说。

　　"嗯。让我算一算……一年按 365 天算，10 年是 3650 天。爸爸和妈妈已经结婚 3650 天了。"

　　爸爸看看妈妈，妈妈又看看爸爸，两个人都会心地笑了。

　　"那么第二个好消息嘛——"妈妈还不忘卖个关子，"是爸爸上个季度的奖金到账啦。鼓掌！"

　　妈妈率先开始鼓掌。晓阳也夸爸爸："爸爸真厉害！"

　　"哈哈……"爸爸笑得更响亮了。

"等下，妈妈，季度是什么意思呢？"

"1 年分为 4 个季度，1 个季度是 3 个月的时间。"

"哦，是这样啊。我记住啦！"晓阳拍了拍自己的脑瓜，又问，"那第三个好消息是什么呀？"

"差点被你搅和忘了，第三个好消息就是——今天我们一家人出去吃饭！"

"哇哦，太好了！太好了！"

来到饭店，在等菜上桌的工夫，晓阳问爸爸："爸爸，为什么时针走完一圈不算作一天，而是要走两圈呢？"

"这个问题问得好。简单来说呢，就是一天有 24 个小时，而我们常见的钟表是 12 个刻度，所以就得走两圈啊。因为

24 小时中我们有 8 个多小时是用来休息睡觉的, 8 个小时的时间时针就快跑完一圈了, 很容易被忽略掉, 你有这样的疑惑也很正常啦。"

"原来是这样, 我懂了。今天真是收获满满的一天啊!"

## 我们的"时间银行"

我们已经知道一天有 24 个小时, 那么一年按 365 天算, 就有 8760 个小时。

如果我们每天花 1 个小时用来读书，那么一年下来我们用在读书上的时间就是 365 个小时；假设读一本书需要花 10 个小时，那么我们一年至少能读 36 本书。

想一想"时间银行"给我们的礼物是不是超棒！

## 大家用什么工具计量时间呢

"丁零零——"上课啦。

"起立!"

"老师好!"

"同学们好!请坐。"王老师示意大家入座,"马晓阳同学怎么还没到?"

"我……我到了……"晓阳上气不接下气,跑到教室门口时,正听到了王老师的声音,"对不起,老师,我迟到了。"

"赶快入座吧!下次早点儿出门啊。"王老师摆摆手。

晓阳看到同学们一个个瞪着眼睛看他,真是既尴尬又羞愧:今天明明按时出门了呀,谁知道半路上车坏了,跑了一路结果还是迟到了,真倒霉。

"各位同学,今天在讲课之前,有个小问题要考考大家:平时我们都用什么工具来计量时间呢?"王老师话音刚落,就听到有同学说："钟表。"

"闹钟。"

"手表。"

"手机。"

"还有呢？"王老师继续问。

"电子表。"

"计时器。"

"嗯嗯，对，对。还有吗？有同学补充没有？"

"沙漏！"晓阳突然想起妈妈那天放在电视机旁边的沙漏，说用沙漏可以计算看电视的时间。

"哈哈哈哈……"同学们一片笑声。

"大家别笑，马晓阳说的没错啊，沙漏确实也是计时工具啊。"王老师替晓阳解了围。

大家刚停止了笑声，李小娜站了起来，说："番茄钟。"

"嗯？什么是'番茄钟'？"好几个同学疑惑地望向李小娜。

"对对。番茄钟也是一个很好的计时工具哦！"王老师满意地点点头，"有很多同学还不知道什么是番茄钟，请李小娜来简单讲一讲吧！"

"番茄钟外形长得像番茄，能设置每隔一段时间响铃一次，有点儿像上课下课铃。"李小娜徐徐道来。

"李小娜讲得很好。关于计时工具的小话题今天就讲到这里，有兴趣的同学可以在课后再详细了解。"王老师结束了这有趣的课前插曲，"接下来我们开始讲课！"

## 用番茄钟训练专注力

所需工具：一个番茄钟，一支笔，一张纸。

步骤：

①在纸上列举作业清单，例如"背单词""做算术题""朗读课文""练钢琴"等。

②给番茄钟定时"25分钟"。

③开始学习，直到番茄钟响铃。

④在每一项完成的作业后面打"√"。

⑤休息 5 分钟。

⑥给番茄钟定时"25 分钟"，继续下一项作业。

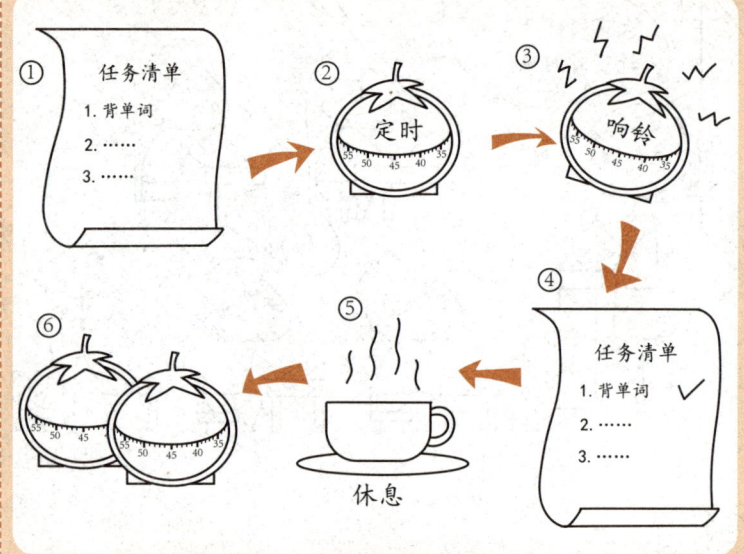

注意事项：

①每 4 个番茄钟后，休息 15～30 分钟。

②在学习时，难免会发生干扰事件，如上厕所、喝水、削铅笔等，所以要在开始前，尽可能地提前做好准备工作。

③如果学习时出现了不可避免的干扰事项，不得不停

下，那就放弃这个番茄钟，并把它记录下来，之后再设法避免。处理好之后再开启一个新的番茄钟。

温馨提示：在按照番茄钟完成任务后，可适当给予自己奖励，下次学习时会更有积极性哦。

TIPS：将学习时间分为 25 分钟和休息时间 5 分钟的方法叫作"番茄工作法"。经过广泛的实验证明，25 分钟是人的专注力保持得最好的一段时间。在感到疲惫之前，利用一次短时间的休息使自己的精力快速恢复，从而能更好地重新投入学习。久而久之，就可以培养高效专注学习的习惯。

## 时间对每个人都公平，我们要珍惜

电视机里正在播放 NBA 篮球比赛，这是爸爸最爱的节目。只见一名篮球运动员在最后的一分钟内投入一个三分球，扭转了局势，赢得了比赛。随着爸爸高喊一声"好球"和比赛现场观众的呐喊欢呼，比赛结束了。

"爸爸，您最喜欢哪个篮球明星？"

"我最喜欢科比。"爸爸一边骄傲地说，一边竖起了大拇指。

"为什么喜欢科比？"

"因为他很棒啊！科比从小就喜欢篮球，不仅有天赋，还很刻苦，是一代人的偶像。"爸爸感叹，"有一次，记者采访科比，问他为什么会成功，他说'你知道洛杉矶凌晨 4 点钟的样子吗'，可见他每天这么早就起床训练了，难怪那么优秀！"

"是哟，凌晨 4 点钟，天还没亮，我还没起床呢。"晓阳若有所思，忽然他的眼睛一亮，"爸爸，我每天早上 4 点起床学习，也能成为优秀的人吗？"

"哈哈哈……谁让你 4 点就起床了！我的意思是说优秀的人都十分珍惜时间，懂得把握时间做自己喜欢并且擅长的事，所以能成功。"爸爸笑得前仰后合。

"当然了，我们每个人一天都有 24 小时，这是最公平的了，如果能把时间多用在学习上，自然能成为学习上的佼佼者！"爸爸接着说道。

"那好吧，我以后每天多花一个小时学习，不，两个小时，我的成绩准能提高一大截！"晓阳信心十足地说。

"可要说到做到哦！"爸爸一副将信将疑的样子。

"哼，等着瞧吧，爸爸！"

智斗"时间小偷"

　　尽管每个人的一天都有 24 小时，但不是每个人都能意识到时间的重要性，很多人在不知不觉中白白虚度了光阴。

　　那么，我们有没有总结过，是什么原因让我们的时间被"偷"走的呢？

　　请你在以下总结的若干因素中，列举出几件曾经出现过的事情，好好思考一下以后再遇到这种情况该如何处理。

　　1. 外部因素

　　· 受妨碍中断：① _____ ② _____ ③ _____
④ _____ ⑤ _____

　　· 多余的聊天：① _____ ② _____ ③ _____
④ _____ ⑤ _____

　　· 替人跑腿：① _____ ② _____ ③ _____
④ _____ ⑤ _____

　　· 噪声：① _____ ② _____ ③ _____
④ _____ ⑤ _____

　　· 过度学习：① _____ ② _____ ③ _____
④ _____ ⑤ _____

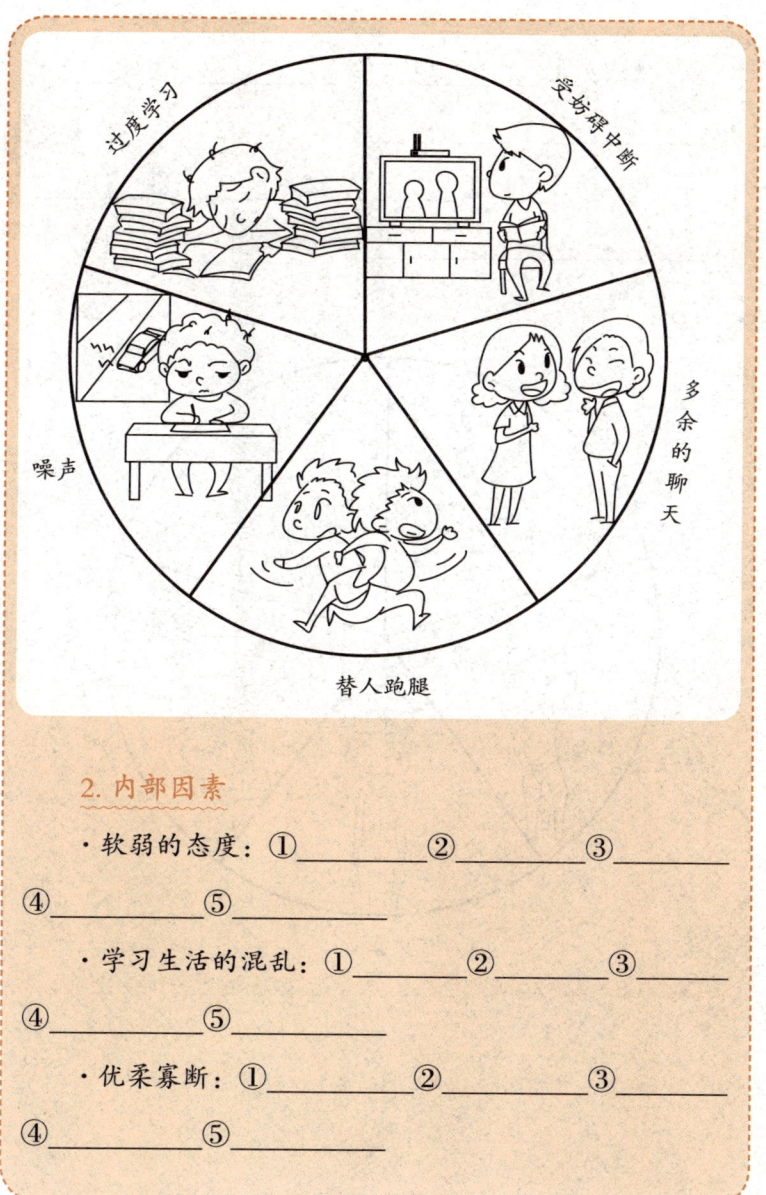

## 2. 内部因素

· 软弱的态度：①_____ ②_____ ③_____

④_____ ⑤_____

· 学习生活的混乱：①_____ ②_____ ③_____

④_____ ⑤_____

· 优柔寡断：①_____ ②_____ ③_____

④_____ ⑤_____

· 健忘：①_____ ②_____ ③_____

④_____ ⑤_____

· 马虎的计划：①_____ ②_____ ③_____

④_____ ⑤_____

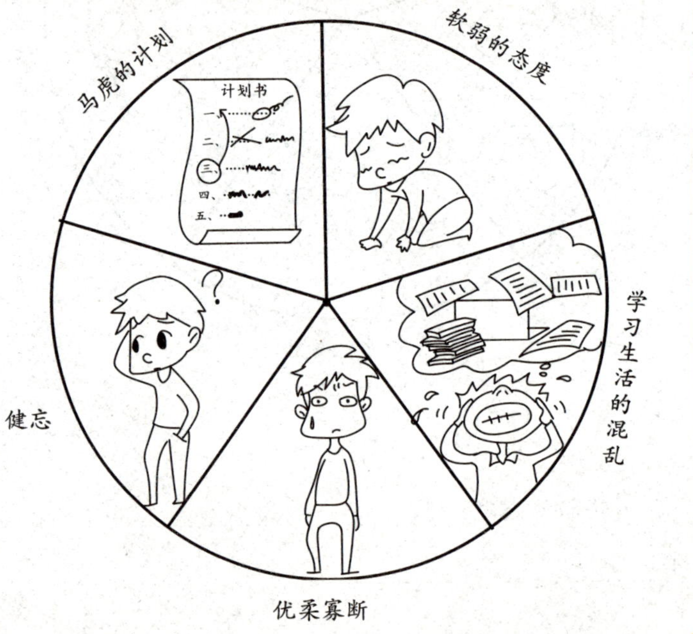

[ 第二章 ]

制订时间计划，学着管理时间

## 学会制订日常生活作息表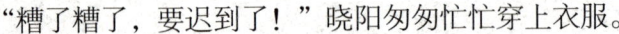

"糟了糟了，要迟到了！"晓阳匆匆忙忙穿上衣服。

"吃点早饭再走吧！"妈妈招呼。

"没时间了！"只见晓阳背起书包，就往门外跑……

"今天还算幸运，上课没迟到，只是早上没吃早饭，上午肚子饿得'咕咕'叫。唉，别提了，都怪昨天放学回来，我光顾着打游戏了，不知不觉浪费了两个多小时，吃完晚饭后做作业到 10 点，洗漱完躺到床上已经 11 点了，现在想想真是不该啊！"晓阳懊悔地想。

终于放学了。

"晓阳回来啦？"妈妈正在厨房忙活。

"妈妈，我想我应该制订一个作息表了。"

"好啊，你有什么计划呢？"妈妈从厨房出来。

"早上 7 点起床，穿衣服 5 分钟，洗漱 15 分钟，上厕所 5 分钟，吃早饭 15 分钟，7 点 40 整出门。"晓阳胸有成竹地说。

"嗯，很详细。妈妈先帮你记下来！"说着妈妈拿起笔在纸上写着，"那晚上呢？"

"放学回家路上要半小时，回到家整理一下开始做作业，然后吃晚饭。"

"等一下，用多长时间做作业，用多长时间吃晚饭呢？"

"1 小时做作业，20 分钟吃晚饭？"晓阳说道。

"可以。"妈妈边记边点头。

"吃完晚饭大概 7 点 50，还可以玩会儿。9 点开始洗漱，洗漱时间是 20 分钟，然后睡前阅读半小时，10 点前睡觉。"

"可以，不过每天吃完晚饭后的空余时间不能都用来玩，要不要在这个时间安排点其他事情？"

"那周二和周五先帮妈妈做家务，再看电视，周一读课外书，周三画画，周四玩乐高。"

"行，那我们把这些计划做成表格，打印出来，然后贴在你的卧室墙上，自己监督自己？"

"OK，没问题！"

### 日常生活作息表的制订步骤

①确定哪些事项是自己每天必须要做的，比如洗漱、吃饭、睡觉等。

②想一想自己近期想要做的事情，比如读书、看漫画、练钢琴等。

③在一张纸上绘制表格。

④把必做的事项按照时间顺序一项一项排列清楚；将想要做的事项合理地安排在合适的时间段，比如读书安排在做作业后；估算每件事项所用的时长，比如做作业 1 小时，吃饭 15~20 分钟；将每件事项及时间填进表格。

日常生活作息表一定要亲自参与制作哦，自己认同的事项才能轻松完成！

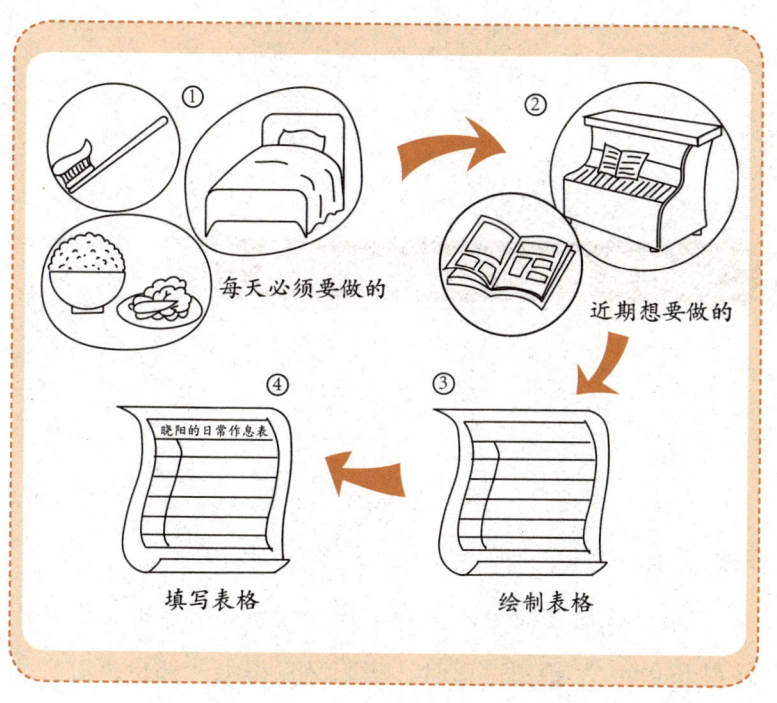

每天必须要做的

近期想要做的

④ 晓阳的日常作息表

填写表格

③

绘制表格

## "我的学习日"行程安排清单

　　愉快的周末过完了，又要到"令人恐惧"的星期一了。每到周末的晚上，晓阳都会陷入这样的烦恼中。

　　"不过，在学校可以和同学们一起玩，听老师讲课，还是很开心的。"想到这里时，晓阳又觉得去学校也是挺好的事情！

　　想着想着，晓阳睡着了。第二天的闹铃一响，晓阳就醒来了。可是，晓阳感觉身体有点儿乏力，妈妈帮晓阳测了下体温，有点儿发烧，需要请假在家休息。

　　很快，晓阳的烧退了，周二也能正常去学校上课了。可是，仅仅一天没去上课，老师讲的内容他竟然听不懂了。

　　"这节课就上到这里。请大家在自习课上把练习册的习题做完！"

　　老师布置了作业，可是晓阳握着铅笔，一道题也不会。

"晓阳，你昨天没来，是不是不会做题？"老师关切地询问。

"是呀。老师，您快帮我补下课吧！"

老师耐心地帮他讲解昨天落下的内容。

终于，课补完了，晓阳也会做了老师布置的习题。只是通过这件事，晓阳突然知道按时来学校上课有多重要。

晓阳重新整理了一下自己的学习日程。

上学前准备：早晨7点起床，7点40前出门赶车，保证在8点前到达学校。

上午上课：晨读 20 分钟，8 点 20 分开始上课，课间自由活动时间要调整好状态，体操时间要好好活动身体。

午餐和午休：午饭 1 小时，饭后至少要休息 20 分钟。

下午上课：下午 2 点开始上课，课间集体活动要和同学们轻松愉快地玩。

晚上时间：放学路上半小时，到家后先复习，再做家庭作业，用 15 分钟时间预习。

自由活动：自行安排。

入睡前准备：在晚上 9 点 50 前躺下准备入睡。

## 晓阳的学习日程安排

|  | 星期一 | 星期二 | 星期三 | 星期四 | 星期五 |
|---|---|---|---|---|---|
| 上学前准备 |  |  |  |  |  |
| 上午上课 |  |  |  |  |  |
| 午餐和午休 |  |  |  |  |  |
| 下午上课 |  |  |  |  |  |
| 晚上时间 |  |  |  |  |  |
| 自由活动 |  |  |  |  |  |
| 入睡前准备 |  |  |  |  |  |

"好的，以后就按照这个日程清单进行，这样我就再也不会犯'周一恐惧症'了。"晓阳暗暗决定。

现在，每到周末的时候，晓阳都能很自信地说："星期一，欢迎你！"

## 制订计划要学会取舍

我们在一天当中要完成很多学习任务及其他事项，每一件事都要花费一定的时间，这就意味着我们在制订计划时要懂得"暂时放弃"。下面，以安排晚上的自由活动时间来举例：

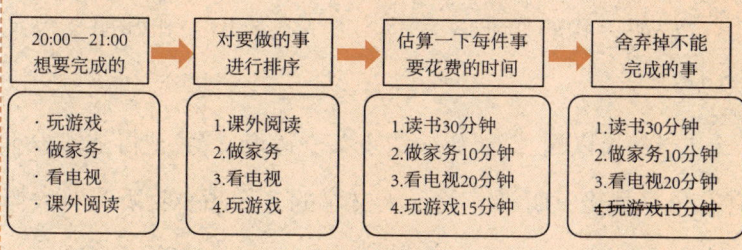

"暂时放弃"的活动项目虽然今天没安排，但可以攒起来，等周末有充足的时间再进行哦。

## 和爸妈一起安排周末行程

阳光透过窗户洒进来，愉快的周末生活开始了！

每周六的上午，晓阳都会先把家庭作业做完，这样其他的时间不仅可以畅快地玩，还能安排丰富多彩的活动。

"妈妈，我的作业做完了。下午我能出去和好朋友踢足球吗？"

"当然可以啊。"妈妈一边点头一边说，"我记得下午少年宫有个兴趣班试听课，关于天文学的，你想去听听吗？大概一个半小时结束。"

"好啊好啊，我很感兴趣。那我先去听课，然后再去踢足球。"

下午时光过得很快，试听课有很多人参加，课上讲解了很多生动的知识，晓阳觉得非常有趣。课后，晓阳约上小伙伴们一起踢球，虽然他们个个都跑得大汗淋漓，但每个人都感觉超级畅快。转眼到了晚上，晓阳又可以玩游戏了，他可要把上周积攒的玩游戏时间都用掉。

入睡前，晓阳问爸妈："爸爸妈妈，我们明天有什么安排吗？"

爸爸抢先说："明天一起晨跑啊？"

"嗯……好吧。"

妈妈想了想，说："明天上午我们一起去超市买礼物，然后出发去探望爷爷奶奶，怎么样？"

"好呀，我同意！""就这么愉快地决定了！"晓阳和爸爸都赞同。

上午时间　　　　　　　　　　　下午时间

周末在其乐融融的时光中度过了，晓阳觉得这两天过得可真充实、真愉快！他又可以充满能量地迎接新一周的学习和挑战了。

周日拜访爷爷奶奶

### 丰富的周末生活

周末生活多姿多彩，但前提是要在有效的时间内完成必须要做的事，再去安排其他事项。

想一想，还有哪些有趣的活动可以安排在周末时光，来一起进行"头脑风暴"吧！

· 文艺欣赏活动：①看电影②看话剧③＿＿＿＿＿＿

④＿＿＿＿＿⑤＿＿＿＿＿

· 体验活动：①做陶艺②消防安全体验③＿＿＿＿＿

④＿＿＿＿＿⑤＿＿＿＿＿

· 义务活动：①义务助老劳动②博物馆义务讲解

③＿＿＿＿＿④＿＿＿＿＿⑤＿＿＿＿＿

· 体育运动：①打篮球②学瑜伽③＿＿＿＿＿＿＿

④＿＿＿＿＿⑤＿＿＿＿＿

· 外出游玩：①露营②爬山③＿＿＿＿＿④＿＿＿＿＿

⑤＿＿＿＿＿

## 尝试制订一个月目标

月末最后一天，晓阳放学回到家，恹恹地坐在椅子上。

爸爸看他一副没精打采的样子，问道："晓阳，这是怎么啦？"

"爸爸，这次月考没考好。"晓阳有气无力地说。

爸爸放下手头的工作，说："让我来帮你分析分析。"

说着，爸爸拿了一张白纸和一支笔过来："说说看，都有哪些科目没考好啊？"

"英语考了76分，数学62分……"晓阳把成绩单交到爸爸的手上，并如实汇报了成绩。

爸爸看完成绩单，慢条斯理地说："我们先要把这次没考好的科目总结一下，看看问题出在哪里。然后，你需要制订一个月目标，把具体的计划都列出来，按照计划一项一项实施，每一周都要做回顾，一个月下来看看效果。"

"怎么制订月目标？"

"等着。"爸爸"唰唰"地在纸上画了几个表格，"喏，这是月计划表，你来把下个月要学习的科目以及学习时长填进去。"

晓阳仔细地填着这张表格。他看到上面详细到每周、每天的学习任务，真是一目了然。"这样看一个月的学习任务好像也没那么难！"晓阳露出了笑容，坏心情也消失了。

"好极了！我就按照这个月计划实施。"晓阳信心满满地把填好的月计划给爸爸看。

"好，既然确定了目标，那就开始行动吧！"

## 制订月计划表的方法

　　月计划表，就是对本月内要做的事和想做的事进行合理规划的表格。

　　**第一步**：确定目标。列出本月内要集中精力做好或完成的事项，比如背英文单词。

　　**第二步**：将该做的事按照重要程度排序。制订计划时难免贪心，想要把很多事项都列举出来，与其眉毛胡子一把抓，不如确定一下优先顺序。比如，数学成绩差，就把做数学习题一项排在前面。

　　**第三步**：制作表格。按照周一到周日的顺序，依次绘制 4~5 个周期的表格（即一个月的周期）。

　　**第四步**：实践。在每天按时按量完成的事项对应的表格里画☆，按时但没按量完成的事项后画○，没完成的事项后画△。

　　**第五步**：反思。每一个周期结束后，要对本周期的实践情况进行反思；若干周期后，要对这几个周期的实践情况进行对比。

## 我的月计划表

| | 星期一 | 星期二 | 星期三 | 星期四 | 星期五 | 星期六 | 星期日 |
|---|---|---|---|---|---|---|---|
| 第一周 | | | | | | | |
| 第二周 | | | | | | | |
| 第三周 | | | | | | | |
| 第四周 | | | | | | | |

备注：按时按量完成画☆，按时但没按量完成画〇，没完成画△。

**温馨提示：** 在制订月计划前，要先把下个月的考试科目、学校活动、家庭活动和个人活动等放在考虑范围内，这样能够间接减少变数的产生。

**特别提醒：** 并不是制订好了月计划，所有的目标都能自动实现，需要制订者不遗余力地付诸实践。当然，也需要制订者通过实践情况进行检查、反思，以弥补月计划的不足之处，从而使下次制订月计划时更具有实践性。

## 为"我的考试周期"做计划

"同学们，这个学期期末考试安排在月末，大家都提前准备一下！"王老师宣布。

"老师，还剩不到一个月的时间，怎么准备呢？"晓阳忍不住举手发问。

"大家可以做个考试周期计划，然后严格按照计划执行，肯定没问题。"

同学们都竖起耳朵仔细听王老师说的每一句话。

"上次月考考得不好，这次期末考试我一定要考出好成绩。可是，该怎么制订计划，管理好考试前的时间呢？"晓阳暗自思忖。

忽然，晓阳想到上次爸爸教给他的制订月计划的方法，顿时觉得有了希望。

　　制订好考试周期计划后，晓阳不由自主地握紧双拳，暗下决心："这次争取考第一名！"

　　考试的日子一天比一天近了，晓阳每天都认真地完成学习计划。妈妈送牛奶的时候也为他加油鼓劲儿："儿子，加油！"

　　期末考试的日子到了。临考前一天晚上，晓阳仔细准备好考试要用的物品，调整好心态："别紧张，我能行！"

　　考试很顺利，试卷上的题目他都能轻松解答。一周后，成绩出来了，老师给大家发试卷的时候，晓阳还忍不住心跳加速。但是在看到试卷的一刹那——语文 95 分，数学 98 分，英语 97 分……果然，功夫不负有心人！晓阳决定以后还按照这样的方法备考。

## 制订考试目标

上次考试成绩：语文＿＿＿＿＿数学＿＿＿＿＿英语＿＿＿＿＿

本次考试得分目标：语文＿＿＿＿数学＿＿＿＿英语＿＿＿＿

为实现目标，我要做到：

①练习生字，把易错的字重复写 5 次；

②＿＿＿＿＿＿＿＿＿＿＿＿＿＿＿＿＿＿＿＿＿＿＿＿＿＿＿

③＿＿＿＿＿＿＿＿＿＿＿＿＿＿＿＿＿＿＿＿＿＿＿＿＿＿＿

④＿＿＿＿＿＿＿＿＿＿＿＿＿＿＿＿＿＿＿＿＿＿＿＿＿＿＿

⑤＿＿＿＿＿＿＿＿＿＿＿＿＿＿＿＿＿＿＿＿＿＿＿＿＿＿＿

## 备考法则

·从复杂的学科学起。开始学习时精力充沛，时间宽裕，因此可以先学较为复杂的科目，然后再学相对简单的科目。

·做知识点笔记。把必须要掌握的知识点和记不住的内容整理在笔记本上，这样既方便理清思路，又方便查阅背诵。

·重要学科安排较多的时间。重要学科要做到预习和巩固复习，平时多做习题，不能"临时抱佛脚"。

**应考方法**

· **先看一遍试卷。** 拿到试卷时，先别着急答题，要整体看一遍试卷，对试卷上的内容做到心中有数。

· **答题要先易后难。** 试卷上的题目难易程度不同，建议先答自己较有把握的题目，然后把充足的时间放在较难的题目上。

· **认真检查。** 答完题后不要着急交卷，一定要腾出时间检查试卷，不犯"低级"的错误。

## 提前做好假期计划

　　还有一周就要放暑假了，同学们下课后凑到一起满心欢喜地聊着假期计划。

　　"马晓阳，放假了你打算做什么？我要和爸妈去海南旅游。"好朋友赵鹏已经有了计划。

　　"你就知道玩儿！我要趁这个假期多读几本书。"李小娜一本正经地说。

　　"我还没有想好……"

　　这时，王老师出现了："假期计划还是要提前做一下，免得假期过完了才发现什么也没干，那时就只有后悔的份儿喽！"

　　听完老师的话，晓阳点了点头，开始思考：今年暑假，做些什么好呢？

　　晓阳先在记事本上画了一份暑期日历，在上面标注好放假日期和开学日期。然后，他列举假期每天要做的事情，有晨跑、帮忙做家务，假期内必须要做的事情是做暑假作业和读书，想要做的事情就是学游泳，至于休闲活动嘛，他想和爸妈一起出发去旅游！既然有了目标，他把每一项都写下来，和爸妈讨论，合理安排好时间。这样，假期计划就做好啦。

　　暑假终于来了！晓阳每天都会按照计划表行动：上午8点左右晨跑，下午5点后遛狗。妈妈说："有计划就是好，终于不用担心我家晓阳在假期变懒散了。"放假的前 10 天，晓阳每天都会完成 4 页的暑假作业，每天至少读 20 页的书，假期还没过半，他已经完成了暑假作业，还读了一本课外书。爸爸帮他报了游泳班，晓阳从一个"旱鸭子"变成了蛙泳小将，别提有多开心了！在开学前的一周，爸妈还带晓阳去海边旅游。对于晓阳来说，这个暑假过得很充实，很有意义，也很难忘。

## 轻松度过假期的六大要点

·首先要明确放假时间、开学日期、外出旅行开始日期和结束日期，并在日历上标注清楚。

·明确"每天要做的事"，比如洗漱、遛狗、锻炼身体等，将每件事合理安排在一天中恰当的时间。

·明确"必须要做的事"，比如写作业、读书、练钢琴等，为每一项留足合适的时长。

·明确"想要在假期间挑战的事"，比如学街舞、学围棋、玩滑板等，选择假期内某一段时间去完成。

·"休闲活动"包括看电视、玩游戏、外出旅游、聚会、去游乐园等。适当娱乐的目的是为了放松身心，为新学期注入新能量，千万不可玩乐过度哟！

·在室内要注意防火防电，外出要注意交通安全。

温馨提示：

·放假的意义是为了更好地开始新学期，充足的休息很重要，不用刻意安排具体的任务细节，但要有计划可寻，每个事项也要有时限，不能虚度光阴。

·假期是弥补自身不足的好时候，也是发现自身潜能的时候，想要假期过得有意义，最好能定一个适合自己并且能够实现的目标。

# 第三章

# 改掉坏习惯，时间节省一大半

## 不做赖床又晚睡的"拖延狂" 🕐

"晓阳，起床了！"门外传来妈妈的声音。

"我再睡 5 分钟。"晓阳翻了个身，继续睡去。

"马晓阳，快起来，上学要迟到了！"

"妈妈，几点啦？"

"7 点 20 了。"

"再眯 1 分钟，就 1 分钟……"晓阳蜷起身体，可脑袋还是不争气地耷拉在枕头上。

接着，只听"哗啦"一声，晓阳的被子被妈妈扯到了床的另一边。

"不好，已经 7 点 25 分了，再不起床，不仅要挨妈妈数落，还可能连公交车也赶不上了！"晓阳用最快的速度穿上衣服，就往门外跑。

　　这一天在哈欠连天中度过了，晓阳暗暗地想：看来晚上要早点睡觉，早上就不会犯赖床的毛病了。

　　可事实却是，白天迷迷糊糊，晚上倍儿精神。

　　"晓阳，已经9点40了，赶快去睡觉吧。"妈妈提醒他。

　　"还不太困，电视剧还有5分钟就完了，看完一定睡。"晓阳向妈妈保证。

　　回到卧室，晓阳躺在床上，可是，翻来覆去也睡不着。"糟糕，我又失眠了。不如看会儿连环漫画，或许看着看着就睡着了。"就这样，当他合上漫画书的时候，发现已经半夜12点钟了。

晓阳的心里感觉很内疚，虽然明天是周六，但是这样赖床又晚睡、拖拖拉拉的习惯可不好。他下定决心改正，以后再也不做赖床又晚睡的"拖延狂"！

### 早起的好处

成功人士有两个共同点，一是遵守时间，二是早早起床迎接新一天的到来。现在我们想想，早起有哪些好处呢？

·早起能将一天的时间拉长，可以比别人拥有更多自由支配的时间。

· 晨跑 3000 米，能让身体保持耐抗力。

· 晨练 10 分钟，可以让一整天都充满活力。

· 早晨头脑清醒，背诵知识会记得更快更清楚！

· 早晨读书，可以让人心情平和，带着美好的心情度过一整天。

· 坐在餐桌前从容享用早餐，和匆匆忙忙在路上塞几口食物相比，前者更健康哦！

· 按重要程度制订好一天的计划，比手忙脚乱过一天好太多。

## 优质睡眠"养成记"

想要拥有优质的睡眠，要做到以下几点。

· 保证睡眠时长。

· 营造良好的睡眠环境。

· 尽量做到全家统一睡眠时间。

· 睡前注意以下事项：忌暴饮暴食；忌剧烈运动；忌兴奋玩耍；忌吃容易导致胀气、利尿的水果。

## "吃饭拖拉""洗漱磨蹭"的标签不见啦

"吃饭啦！"

"来喽！"爸爸回应道。

"知道啦……"晓阳慢吞吞地挪到餐桌前，眼睛没离开过手里的手机。

"你这孩子，吃饭都不积极！"妈妈唠叨着，"没收手机，一看心思就不在吃饭上！"

"不玩了不玩了，我好好吃饭就是了。"晓阳忙关掉手机。

晓阳扒拉着饭菜，只挑自己爱吃的。妈妈见他一副拖拖拉拉的样子，问道："是饭菜不合口，还是哪里不舒服？"

"大概是刚才吃了太多零食，还没消化……"晓阳不好意思地解释道。

爸爸妈妈很无奈地看着他。

洗漱时间到了，晓阳满脑子都是手机里好玩的游戏，他想：一会儿再去洗漱，不会耽误事儿的。

"马晓阳，赶紧去洗漱！"爸爸催促。

"哦，知道了。"晓阳慢吞吞地走进卫生间开始洗澡、刷牙。

第二天，晓阳发现家里的零食都不见了踪影，而妈妈做了一桌子的饭菜。

"妈妈，什么时候开饭？好饿哦！"

"马上。"

开饭了，桌上的每一道菜都很美味，晓阳大口大口地咀嚼着，妈妈很满意。

"从今天开始，晚上最后一个洗漱的人负责把卫生间清理一遍哦！"爸爸说。

"啊？那我要第一个洗漱。"晓阳嘟囔道。

没过多久，晓阳发现爸爸妈妈再也没唠叨过他"吃饭拖拉""洗漱磨蹭"了。

## 变身"马上"小队长

做一件事情时总是拖拖拉拉，明知拖延不好，但总是难以控制？那么，请将这件事写下来，反思拖延、磨蹭的原因。

·现在该做的事情：写作业。

·拖延、磨蹭的原因：作业量多、作业难度大、玩手机更轻松。

·马上就做的好处：写完作业才能安心去做别的事。

想象自己是"马上"小队长，现在、立刻、马上去做！

## 拒绝无节制地看电视节目

　　妈妈正在看新播的电视剧，晓阳凑上前一起看。时间悄悄过去，电视剧播完了，妈妈要出门跳广场舞了，叮嘱道："晓阳，你再看一会儿电视就该去学习了，别忘了时间！"

　　"知道了。"晓阳连忙答应，心里却早已盘算：反正今天作业也不多，多看会儿电视再去学习也来得及。

　　于是，他目不转睛地盯着电视机里的画面，看完了一个节目接着又看一个节目……

　　不知过了多久，妈妈回来了，看到晓阳还在看电视，不禁火冒三丈："马晓阳，你知道现在几点了吗？怎么还在看电视，一点儿时间观念也没有！"

　　晓阳看了看表，已经到晚上洗漱的时间了。他赶紧跑回房间，坐在书桌前，脑袋里出现的却是刚刚电视节目的画面。"赶快写作业……"他不断提醒自己，可是好困呀，眼睛都快睁不开了，好想睡觉啊！

"马晓阳，作业写完了吗？"妈妈敲开了晓阳房间的门，发现他趴在桌子上睡着了，便叫道："快醒醒，做完作业赶紧洗漱睡觉！"

晓阳看着自己作业本上潦草的字迹，心里很难过，怪自己把写作业的时间浪费在无节制地看电视上。"唉，下次一定不能再这样了！看电视一定要有节制，一定要控制好时间。"

### 三招化解"电视瘾"

**第一招：**选择适宜的电视节目。请爸妈帮忙选择一些充满想象力、能激发探索欲的电视节目，比如科普类、探险类节目。

**第二招：**事先设定看电视的时间。长时间盯着屏幕会损伤视力，所以可以在打开电视机前先设定好时间，时间一到，立刻关掉电视机。

**第三招：**找到比看电视更有意义的事。比如，可以找同伴玩耍、到户外运动，多发现一些更有趣、更值得花时间去做的事。

## 再见！电子游戏

"妈妈，今天的作业做完了，我能玩一会儿电子游戏吗？"

"行，不过最多只能玩半小时哦。"妈妈又说，"对了，别忘了一个小时后去兴趣班啊！"

"好嘞！"

时间过得真快，晓阳感觉才玩了一会儿工夫，就听见妈妈在他耳边大吼："马晓阳，你怎么还在这儿？"

晓阳抬头一看，钟表上显示的时间不是要去兴趣班的时间，而是兴趣班下课的时间。晓阳瞬间意识到：完了，这回肯定少不了挨骂了。

"你这孩子，怎么能没完没了地玩游戏呢？"妈妈看起来很生气，"下次再这样，就禁止玩电子游戏了！"

"我……我也不是故意的……"晓阳小声嘟囔。

　　"晓阳，电子游戏是好玩，但是我们不能不重视时间观念。如果大家都像你这样，那制订计划就没有意义了。"爸爸语重心长地说，"我们试一下能不能在脑海里给自己设置一个'开关'，'开关'打开，去适度娱乐和放松，'开关'关闭，就要专心投入学习和生活，这样既能好好学习又能有空余时间玩儿，岂不更好？"

　　"爸爸说得很有道理，不能因为贪玩电子游戏就耽误了做其他事情的时间，做事要有时间观念。"晓阳暗暗自责，"妈妈也是担心我沉迷电子游戏才批评我，以后再也不让爸妈操心了。那就暂时跟电子游戏说再见吧！"

### ⏱ 电子游戏是如何"吃掉"我们的时间的

·游戏中设置层层关卡，每过一关，游戏会反馈"太棒了""好厉害"，游戏者获得了所谓的快感，难以察觉疲惫和枯燥。

·通关获得技能提升，游戏者获得了所谓的成就感，沉浸其中，时间就会很容易被浪费。

## 漫无目的地上网浪费时间，不如一起读书吧

"好无聊啊，不如上网看会儿新闻吧！"周末在家的晓阳闲来无事，悄悄打开了电脑。

晓阳乐呵呵地翻看着各种新闻，有社会新闻、校园新闻……真是令人应接不暇呢。

看了会儿新闻又觉得无聊，晓阳又去购物网站上看前几天收藏的玩具最近有没有搞活动！

他正在兴致勃勃地刷购物网站时，忽然接收到一条社交应用程序上的更新视频，"哇，这不是好朋友赵鹏一家去海南旅游拍的视频吗？太好玩了！对了，在微信上找赵鹏聊会儿天……"

时间就这样被漫无目的地消耗掉了。转眼已经天黑，晓阳关上了电脑，发现这一天过得还是很无聊，甚至有虚度年华的感觉。

“妈妈，今天过得可真无聊！”他向妈妈抱怨。

“你都上网干什么了呀？”妈妈问。

“看新闻、逛购物网站、看视频、聊天、刷朋友圈……”晓阳闷闷不乐。

“怪不得，人家上网都是有目的的，你上网这是在消磨时间呢。各种网页看得眼花缭乱，脑子里却什么也没留下，是不是这种感觉？”妈妈一语道破晓阳心中的困惑。

“嗯，就是这种感觉！”

“哈哈哈，那我们不如一起读书吧！把时间用在阅读上，准没错。”妈妈笑着说。

"好呀，正好我最近想看一套科普系列的书籍。那我们一起读书吧！"晓阳回应道。

**儿童上网注意事项**

· 请爸妈帮忙屏蔽不适合儿童浏览的内容。

· 上网时间有度，不可沉迷网络。

· 没有经过父母的允许，不可以在网上透漏任何个人隐私信息。

· 不要轻易打开未知的网络链接，不要轻信陌生人的诱惑。

·遇到网上不法分子侵扰，要立即告诉父母，并由父母报警处理。

　　温馨提示：在网络普及的今天，一味隔绝可能阻断我们与社会的连接，我们可以利用网络获得真正所需，但切不可被漫无边际的网络信息带着跑。

### 阅读有益身心

　　培养阅读习惯，在健康、纯粹、温暖中获得知识和智慧，是少年儿童成长必不可少的路径。

　　·和爸妈一起营造温馨的阅读环境。

　　·请爸妈帮忙选择合适的书籍。

　　·与好朋友分享阅读感受。

　　·边读书边做笔记。

# 第四章

# 养成好习惯，我们都是时间管理高手

晚饭后，妈妈坐在书桌前，手里拿着一本手掌大小的册子，十分专注地在上面写写画画。

"妈妈，您在做什么呢？"晓阳好奇地走近询问。

6:00—7:00起床，晨练半小时
7:00—8:00做早饭，洗碗
8:00—9:00打扫卫生，准备出门
9:00—10:00超市买菜
10:00—11:00休息时间
11:00—12:00做午饭
12:00—14：00吃午饭，午休
14:00—18:00文化中心参加活动
18:00—20:00做晚饭，吃晚饭
20:00—21:00陪家人看电视
21:00—22:00洗漱，睡觉

妈妈，您在做什么？

"妈妈在做时间日志呀！"

"什么是时间日志？我瞧瞧！"

晓阳迫不及待地打开这本小册子，每一页上面都写着密密麻麻的字——

6:00—7:00 起床，晨练半小时

7:00—8:00 做早饭，洗碗

8:00—9:00 打扫卫生，准备出门

9:00—10:00 超市买菜

……

晓阳吃惊地问："妈妈，这些都是您写的吗？"

"当然啦！"妈妈很自豪地说。

"可是，写这些有什么用呢？"

"妈妈的自主时间比较多，为了不荒废时间，就把每天的大小事和所用的时长都记录下来，看看有哪些时间浪费掉了，哪些时间能挤出来。"

"哇，这真是太棒了！原来做时间日志有这么多好处啊，怪不得妈妈每天都那么勤奋。"晓阳心里越发敬佩妈妈，"那我也要试试做时间日志！"

"好呀，这可是个好习惯哦！"

经过一段时间的记录，晓阳果然有了发现：有时候早上换衣服要花十几分钟的时间，但仔细回想一下，这些时间多是在犹豫穿哪件。如果前一天晚上就能选好衣服并放在床头，这样早上穿衣服就不会浪费太多的时间了。

晓阳决定以后要坚持每天做时间日志，这样做事情会变得越来越高效！

**如何做时间日志**

**第一步**：想好一天要做的事情，排好序，并填入表格。

**第二步**：早上一起床，就把起床时间填入表格。

第三步：每做完一件事，就把完成的时间依次填入表格。

第四步：计算出每件事花费了多长时间。

第五步：在备注栏里总结用时长的原因，和爸爸妈妈讨论改进方案。

| 我的时间日志 | | | | | |
|---|---|---|---|---|---|
| ____年____月____日　星期____ | | | | | |
| 序号 | 所做的事 | 开始时间 | 结束时间 | 所用时长 | 备注 |
| 1 | 起床、洗漱 | 6:30 | 6:50 | 20分钟 | |
| 2 | | | | | |
| 3 | | | | | |
| 4 | | | | | |
| 5 | | | | | |
| 6 | | | | | |
| 7 | | | | | |
| 8 | | | | | |
| 9 | | | | | |

## 制订今天必须完成的事项清单

　　晓阳今天要做的事情好多呀，他要预习语文课内容、复习社会课内容、背诵 100 个单词、练习汉字、上奥数班，还计划读绘本、练钢琴，去赵鹏家玩儿，这下可是要忙坏了……

　　爸爸见他一脸愁容，打趣道："这是遇到什么难事啦？"

　　晓阳将自己的计划一五一十地告诉了爸爸。

　　只见爸爸哈哈大笑："你……你这是超人啊！一天做完这么多事情，恐怕连上厕所的时间都没有了吧！"

　　晓阳更生气了："爸爸，您这是幸灾乐祸！"

　　"哈哈哈，其实也没有那么难，你只需要制订一个'重要事项清单'，事情就简单明了了。"说着，爸爸递给晓阳一张表格，"喏，把你今天必须做的事情列在左边，想做的事情列在右边，分别估算一下每件事情所需要的时间。"

爸爸继续补充说："原则上要优先完成必须做的事项，但有的事项耗时长，并且一天内完成不切实际，那就先完成主要的部分，将腾出来的时间做想做的事情，整个计划也就变得切实可行了。"

"哦，我知道了。"晓阳豁然开朗，"预习、复习、上奥数班是今天必须要做的事项，背诵100个单词可以分开来背，今天我先背50个单词，这样就有练钢琴和玩耍的时间了！"

爸爸拍拍晓阳的头，说道："对喽，一定要养成今日事今日毕的习惯！"

晓阳的烦恼解除了："我知道该从哪里下手了，那我要开工了！"

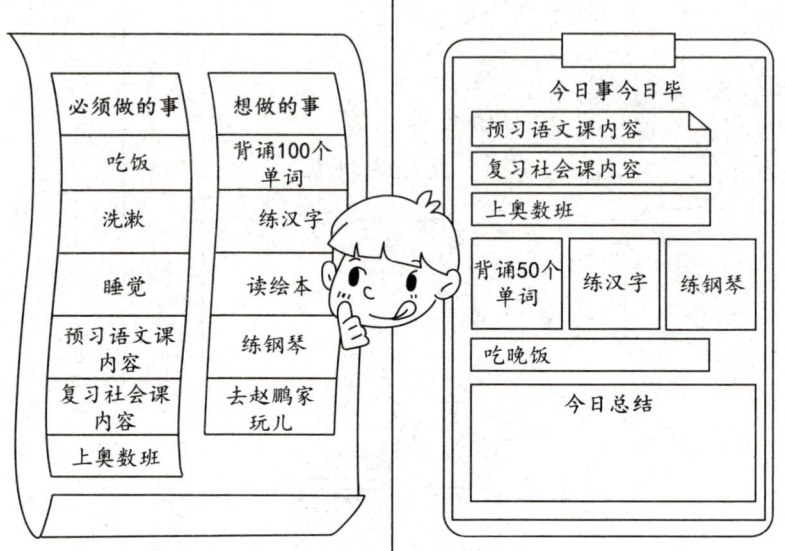

## 利用便签做"今天必须要完成的事项"清单

一个人每天有很多事情要做，只有学会列出重点清单，给不同的事项"排队"，才能有效利用好时间，做时间的主人。

下面，我们一起尝试使用便签做清单吧！

· 罗列当天必须要做的事和想做的事；

· 估算做每件事情需要的时间；

· 舍弃耗时长、与其他事项冲突或一天内完成不切实际的事项；

·将今天必须要做但难度较大的事项分解步骤，可分多个环节，设法完成主要环节，再安排不同的时间依次完成次要环节；

·确认今天必须要完成的事项；

·将今天必须要完成的事项写在便签上，按顺序贴在醒目的位置；

·实践，行动！每完成一项，揭下对应的便签；

·每天自省，仔细分析每个事项的时间使用情况；

·总结方法，提高日后的时间利用效率。

## 吃青蛙定律

每天早晨，如果你做的第一件事是吃掉一只活的青蛙，你会欣喜地发现，这一天将没有什么比这个更糟的了。

这条定律告诉我们：优先处理掉一天当中更重要、更艰巨、更具挑战性的那一项任务，再处理其他任务时会更轻松。这种优先处理重要任务的习惯，能使人行动的时候更有目标感，获得的成果更有持续性。

## 利用零碎时间做有意义的事

"晓阳，准备一下，20分钟后出发去上辅导班。"客厅里传来妈妈的声音。

"还有20分钟才出门呢，这段时间做点什么好呢？"晓阳坐在凳子上发呆，一会儿起身看下书包里的东西准备齐全没有，一会儿又坐下，任时间悄悄溜走。

"妈妈，您在忙什么呢？"

"我在下载音乐，一会儿在路上听。"

"啊？"晓阳一脸迷惑。

"就是利用路上的零碎时间做一些有意义的事，你可别小看零碎时间，如果把一天中的零碎时间都利用起来，能做不少事儿呢。"妈妈说。

出发了，晓阳和妈妈来到公交车站台，看样子还要等会儿车。

"妈妈，什么是零碎时间？"

"零碎时间就是一些较短的时间片段，比如等车时、排队时、上下学路上，也就是在该做的事之间空余出来的短暂的零散时间。"

"那我们要怎样使用它呢？"

"这个问题问得好。有的零碎时间是可以预测的，比如现在我们去辅导班的路上，车程大约要花半小时，我们就可以在这半个小时的时间里听音乐、思考，这样等车、在路上的时间就都利用起来了！"

"哇！听起来可真不错！那我以后也要把零碎时间利用起

来，做有意义的事。"

## 我们可以用零碎时间做什么

### 1. 可预测的短暂时间

· 上下学路上

· 公交、地铁上

· 等车时

· 排队中

· 吃饭前

· 入睡前

· 上课前

· 运动中

我们可以利用这些时间听音乐、背单词、背诗文、背数学公式、整理书桌、为上课做准备、记随笔等。

需要提前做好的事：下载好音乐，提前备好学习视频，把需要记忆的内容做成活页或摘抄在小纸条上随身携带，等等。

2. 无法预测的闲散时间

· 堵车中

· 途中、候车时因不可预知的事而延误

· 等人

· 学习时被其他事中断

· 脑海中闪现出重要的灵感

我们可以利用这些时间学习课本上学不到的知识，放松心情，与朋友交谈、讨论，摘抄优美诗文，处理学习中的杂事，记忆内容，记录随时随地的想法、感受。

需要提前做好的事：随身带本书，或者带一支笔和便签本等。

## 要做守时的好孩子

晓阳和好朋友赵鹏约好今天一起去美术展览馆。这次的美术展览十分精彩，晓阳已经期待很久了。晓阳想着必须早点出门，一定不能迟到才行。

他们约好 9 点 50 分在展览馆门口碰面，从晓阳家到展览馆的车程是半小时，所以晓阳决定 9 点出发，那样就肯定不会迟到了。

出发前，晓阳打电话给赵鹏，提醒他赶紧为出门做准备："赵鹏，展览 10 点开始，可千万不要迟到啊！"

"好的好的！"赵鹏匆忙挂断了电话。

晓阳到达展览馆的时间是 9 点 40 分，可左等右等也不见赵鹏的影子，转眼展览开场了。

不知过了多久，赵鹏才上气不接下气地赶到："对……对不起，晓阳，我……我迟到了，现在还来得及吗？"

"已经开场 20 分钟了！"晓阳很生气。

"对不起，我真的不是故意的。我以为时间来得及，就在家多玩了会儿游戏，出门晚了……"赵鹏诚意地道歉。

"每个人的时间都很宝贵，遵守约定时间是一个人基本的品质。如果不重视别人的时间，就会失去别人的信任！"晓阳严肃地说。

"我一定改正！"赵鹏看起来很内疚。

"这次就原谅你，但是我希望没有下次了。"

于是，晓阳和赵鹏和好了，他们齐声说："我们都要做守时的孩子，才能赢得他人的尊重。"

## 约定时间不迟到

· **在醒目的地方做备忘录。**为防止忘记事先约定的事宜，提前把即将待办的事项写在便签上，贴在醒目的位置，常常能看到这些待办事项，就能避免因遗忘而失约。

· **制订计划。**提前为待办事项做计划，比如计算到达约定地点所需要的时间、路上的交通状况、选择出行的方式等，确认出发时间和预计到达时间，以免因过早或延误而浪费时间。

· **提前5~10分钟到达约定地点。**例如约定9点见面，那就自己调整为在8点55分前到达。只有提前到达约定地点，才能在出现堵车或其他状况时不迟到。

· **让朋友出发时告诉自己。**得到他人出发的消息，就可以估算出到达的时间，也能督促自己不迟到。

## 为重要的事情做准备

    春天到了，天气渐渐暖和起来，下周晓阳的学校要组织郊外春游，晓阳正想着为春游做准备。

    "妈妈，下周六学校组织春游一天，您能帮我准备一套适合出行的衣服吗？还有，到时别忘了提醒我，我那天要早点出发！"晓阳风风火火地说。

    "好。去春游的话最好先了解一下学校大巴车的路线哦。"

    "嗯，没问题。"晓阳一边记在便签本上，一边问，"妈妈，我需要准备一个表演节目吗？"

    "哈哈，有时间就准备下，活跃下集体气氛也挺好。不过任何活动中都要听老师的安排！"

    "明白！"晓阳一边记笔记，一边计划，"那我就唱首歌儿吧，这几天要练习一下。"

    "晓阳，下周五放学我们一起去趟超市，为你的春游准备好充足的零食和水果，还有饮用水。"妈妈说。

"太好了，我要买很多小蛋糕，把它们一个一个放进便当盒里，春游的时候分给同学们吃。"

"真棒！"妈妈补充道，"对了，还有一项不能忘了……"

"什么事？"晓阳认真地看着妈妈。

"出发的时候一定要带好医药包，以防生病或发生紧急情况，还要带一个手电筒备用。"妈妈严肃而认真地说。

"妈妈，您想得可真周到！"晓阳给了妈妈一个大大的拥抱。

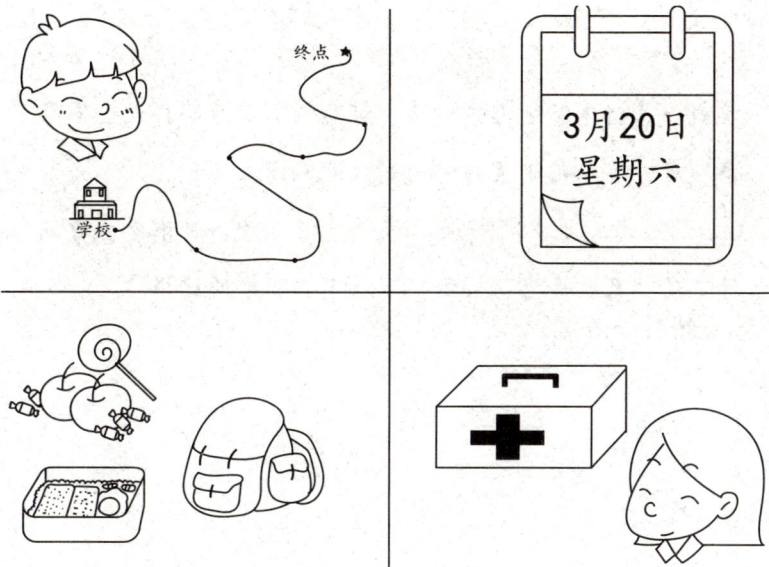

## 做事的"四个思考"

· 在做事之前，先思考自己有没有必要去做。舍弃耗费时间长、意义不大且目标不清晰的事项，去做其他更有意义的事。

· 做事之前，要思考有没有能力做好。自己有能力做好的事情要做计划，并全力以赴；那些超出自己能力范围的事，暂时先放下，把它当成一个目标，并通过不断努力提升自己的能力，再做计划。

·做事时，思考怎么做才能更快更高效。通过行动和实践，总结省时省力的方法、经验，下次做同样或类似的事项时，可以花少量的时间高效地完成。

·事后，思考哪些地方值得改进。做事时难免有遗漏和不足，及时反思、弥补，下次不犯同样的错误。

# 第五章

# 做事有条理，生活、学习都轻松

## 用时间 ABC 法处理事情

"妈妈，我有一堆事情要做，但是不知道该先做哪件好？"晓阳不好意思地挠挠头。

"说说看。"妈妈放下了手中的活儿。

"我现在想看漫画书，但是老师今天布置了家庭作业，语文、数学、英语每科都有，而且明天要检查和评分。"晓阳一一道来，"可是明天要穿的鞋子还没刷，还有，我们班每个同学都要做一个手工贺卡，周五前送给最好的朋友。"

妈妈听完，安慰道："别着急，我们先给每件事情排排序，看看它们的轻重缓急。"

晓阳有点儿不解："怎么分轻重缓急呢？"

"你想想看，哪件事情比较紧急也很重要呢？"妈妈期待地看着他。

　　"嗯……"晓阳在心里反复比较了一番,"明天要检查作业,所以赶快去做作业比较重要。"妈妈继续问:"再想想,哪件事情重要但不太紧急呢?"

　　"做手工,因为在周五前完成就行。"晓阳似乎找到了一点儿头绪。

　　"那哪件事紧急但不重要呢?"

　　"刷、鞋、子。"他一字一顿地说。

　　"那既不紧急也不重要的事是什么呢?"

　　"看漫画书。"晓阳脱口而出。

　　"这不就清楚了嘛!"妈妈满意地笑着。

"哦，原来是这样排序啊，我明白了！"晓阳眼前一亮，豁然开朗。

妈妈轻轻拍拍晓阳的脑袋，说道："妈妈管它叫'时间ABC法'，下次记得遇到事情也这样处理哦！"

听完妈妈的话，晓阳紧张的心情终于放松了下来："现在可以安心去做作业了，其他事情先放一放，等完成作业再一件一件慢慢做。"

### 区分事情的轻重缓急

**准备工具**：纸，笔，尺子，便签。

**做法**：

①将每件待处理的事情写在便签上。

②在纸上画两条相交且垂直的直线，即横坐标和纵坐标，分成四个象限。在横线的左端写"很紧急/急"，在横线的右端写"不太紧急/缓"，在竖线的上端写"很重要/重"，在竖线的下端写"不太重要/轻"。

③给每个象限取名，即左上的A象限为"既紧急又重要的事"，右上的B象限为"重要但不紧急的事"，左下的C象限为"紧急但不重要的事"，右下的D象限为"既不紧急又不重要的事"。将写有不同事项的便签按照

轻、重、缓、急的程度分别贴在四个象限中。

依次处理 A、B、C、D 四个象限中的事。

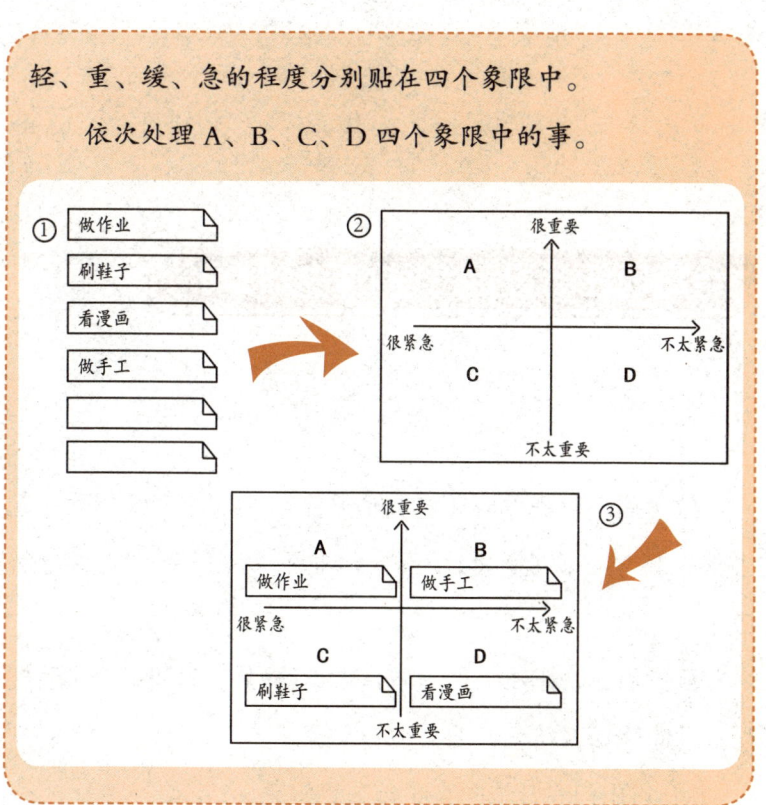

## 给每项任务设定合理的完成时间

　　放学后，赵鹏约晓阳和其他几个同学在吃完晚饭后一起去他家拼乐高，晓阳想今天的作业不多，就满心欢喜地答应了。

　　到家后，晓阳第一件事就是告诉妈妈："妈妈，今天我要早点儿吃晚饭，待会儿要去朋友家玩。"

　　"几点出门？几点回来呢？"妈妈问。

　　"嗯……这个……我们约定了吃过晚饭再说。"他含糊其词，也说不清楚具体的时间。

　　晓阳开始做作业，因为一边着急等待开饭，又一边在等赵鹏的电话，所以做作业的速度都变慢了，本来只要半个小时就能完成的作业，结果却用了整整一个小时。

　　晚饭前，晓阳接到了赵鹏的电话，说30分钟后集合。他匆匆吃过晚饭，就奔向了赵鹏家。赵鹏新买的乐高可真好玩，小伙伴们拼好后发现已经晚上 9 点半了。晓阳到家后，爸爸妈妈已经准备洗漱睡觉了，他匆忙洗漱完毕。

　　入睡前，晓阳忽然想到：如果今天晚上到家之后能提前做个简单的规划就好了，设定好做作业的时间、吃晚饭的时间、到好朋友家玩耍的时间，就不会像现在这样匆匆忙忙，还差点儿耽误了睡觉时间。

　　晓阳决定：以后再遇到这样的情况，就要给每项任务设定合理的完成时间，不超时、不延时，坚决遵守时间约定，才不会打乱生活学习的秩序。

## 如何计算标准时间

通过一周的观察和记录，我们把每天例行的任务时间累加之后取平均值，就是该项任务的标准时间。

## 如何调整任务清单

时间是守恒的，如果花在自主活动上的时间比较多，那必然就会减少其他活动的时间。在调整任务清单时，一定要注意在确保不影响睡眠时间和保证学习任务顺利完成的情况下进行。例如，平时自由活动的时间是1小时，现在需要调整为2小时，那么平时用于读绘本、看电视等的时间就要被取代。

## 分类安排任务，减少无效时间

周末又到了，晓阳想着要先把作业做完，就能开开心心地玩耍了。他说干就干，打开作业本，写了一会儿汉字，突然想起妈妈出门前交代了要给狗喂粮。他赶忙放下笔，到橱柜去找狗粮。

晓阳喂完了狗，又开始写汉字，写啊写，发现今天要练习的汉字还真多。"反正都写了一大半了，不如先去背单词吧。"他一边想着，一边又从书包里翻找英语课本……

英语课本找到了，晓阳正要翻开刚学的那一节内容，可是，他又想去上个厕所了。

就这样，一上午的时间眨眼间过去了，马上就到午饭时间了。平时的这个时间，晓阳已经完成周末作业了，可是现在，好多功课才做了一半。

"咦？我的时间去哪儿了呢？"

他仔细回想了一下整个上午时光，好像很多时间都被浪费在了一些琐碎的事情上，不是在喝水，就是在削铅笔，就连在书桌前学习的时间都是断断续续的，一会儿写汉字，一会儿背单词，一会儿又做数学题，难怪时间都被浪费掉了。

正在晓阳唉声叹气的时候，妈妈一语道出了问题的关键："这是因为你上午学习的无效时间太多了，你得学会分类安排任务才行！"

"无效时间？"晓阳难以理解。

妈妈认真地说："要做书写练习的作业，就集中一段时间去做；要背诵或朗读，就把这类学习任务安排在一起；要做需要思考的作业，这段时间就集中注意力只做思考的作业；如果该休息了，就利用这段时间去做喝水、上厕所、准备文具等一系列的琐事。"

"哦，原来是这样啊。我就说一上午怎么都在瞎忙活，下午可不能这样了！"晓阳不好意思地直挠头。

### 通过整理节约有效时间

不知道你有没有遇到过这样的情况：堆积如山的书桌总是让人不知道该从哪里着手？凌乱的书包常常在慌乱中状况百出？我们的很多时间就这样白白变成了"无效时间"。

那么，一起来通过整理收纳，让每一寸时光都被好好利用吧！

#### 1. 整理书桌

**第一步**：将近期不用的书本、学习工具收纳到书架、储物柜中。

**第二步**：将课本、作业本、资料、学习工具分类放好，用完及时整理。

**第三步**：准备几个文件袋或文件夹，将各学科零散的资料装入其中。

**第四步**：准备一个备忘本，将近期要学习的内容和作业内容按日期记录。

2. 整理书包

**第一步**：对照课程表，将第二天需要的书本准备好。

根据个人习惯，可以按学科分类，也可以按功能性将课本、作业本、资料、文具分类。

**第二步**：准备好学习用具，比如第二天要上数学课，检查尺子、量角器等工具是否准备好。

**第三步**：将书本封面朝上，先将大件课本放入，再放入小件课本，最后放文具盒，将水杯、纸巾等放在书包的侧兜。

**第四步**：检查是否全部带齐装好。

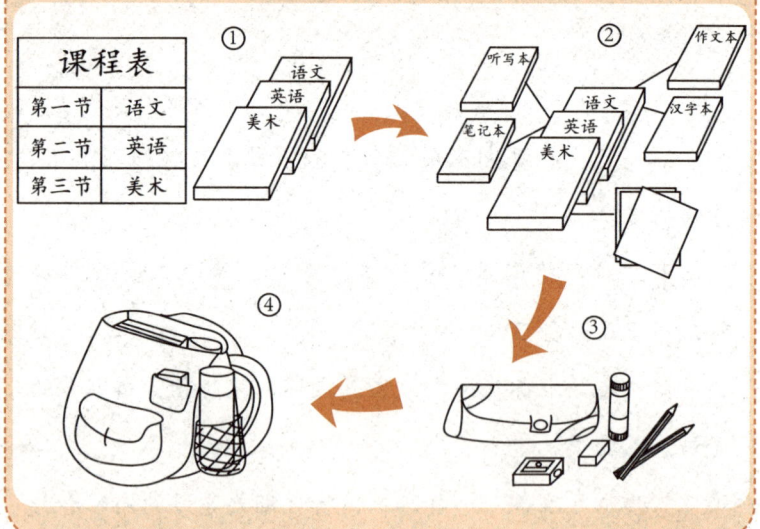

## 想法放进"收集箱"，复杂的事情简单做

"同学们，马上就到植树节了。这周末的作业是动手制作一张手抄报，大家好好想想怎么做，下周一交上来！"王老师宣布作业内容。

"马晓阳，你有什么想法吗？"李小娜凑过来问。

"我会……我会画一棵树……"晓阳不假思索地说道，"再写个大大的标题。"

"听起来还不错！"李小娜点点头。

周六上午，晓阳打算开始制作手抄报，一会儿冒出一个想法，一会儿又冒出一个想法，到最后发现自己还是不知道该从哪里着手。

他打算找爸爸妈妈提点建议："爸，妈，我要做一张以植树节为主题的手抄报。您俩能提点想法么？"

“我觉得要画个花边儿！”妈妈说。

“植树节，主色调应该是绿色。”爸爸说。

“啊，这些意见都不错，可是我还是不知道该怎么做。”晓阳十分困扰。

爸爸看晓阳焦急的样子，说：“你可以先把这些想法一条一条地写在纸上，然后慢慢考虑哪些适合，哪些不适合。”

“那我试试看！”晓阳将信将疑地试着用爸爸教的方法先把这几天的想法都一一罗列出来，再选择可用的想法勾勒出手抄报的画面，然后再搜集资料，摘录内容。

“哇，我的手抄报完工啦！”晓阳得意扬扬地去找爸妈炫耀。

"手抄报做得挺好。但是通过这件事情，我想你应该总结一个经验。"爸爸顿了顿，"要把随时产生的想法记下来，暂时放进'收集箱'，再慢慢做整理，这样任何事情就变得没那么难啦！"

"嗯！我记住了。"晓阳认真地点点头。

## 用"想法收集箱"节约时间

　　我们的大脑每时每刻都会产生无数个念头，当脑海里的事情太多时，就会抓不住重点，变得焦虑，无法专注地做当下的事。收集箱的作用，是帮助我们随时记录想法，把想法从大脑中解放出来，从而可以专注于做当下的事。

　　总有些计划和想法是突然蹦出来的，当我们产生新的想法和任务的时候，可以及时记录下来，再和爸妈讨论这些新的任务应该放在哪个时间段来完成。这样其实也是在节约时间。

[第六章]

会高效学习才是硬道理

## 一天之计在于晨，充分利用晨读时间

　　清晨，鸟儿们在窗外叽叽喳喳地歌唱，晓阳缓缓地睁开眼睛，一束阳光透过窗帘照了进来。就在他伸了一个大大的懒腰准备起床时，闹钟铃声响了。

"今天真是一个完美的早晨，我竟然能自然醒来，这种感觉可真令人愉悦。这么早起来，做点儿什么好呢？"

　　以往周末的时候，晓阳偶尔会和爸爸一起去晨跑。今天，他决定去活动中心锻炼一下身体。早晨的空气很清新，晓阳慢慢深呼吸……锻炼完后，果然感觉头脑都清爽了呢！

　　回到家时，妈妈已经在煮早饭了，晓阳准备帮忙。妈妈说："赶紧利用早晨的时光读会儿书，早晨可是一天中很宝贵的时间哟！"

　　晓阳开始朗读课文，一遍，两遍，就在朗读第三遍的时候，他发现自己已经能背出一段了。晓阳感觉很神奇，平时需要反复朗读好多遍，现在轻松就能记住了。他暗自庆幸：果然妈妈说得没错，早晨的时光真是很珍贵呢！

　　接下来的时间，他又背了好几个单词，做完了一天的计划，每项任务都是事半功倍。

　　短暂的晨读时光结束了，晓阳心想：仅仅一个小时的时间，我竟然做了这么多事，感觉一天的时间都被拉长了。接下来的时间也要好好努力，让今天过得无比充实！

## 如何拥有清爽的晨读时光

· **早睡早起**。晚上睡得晚,早上必然起得也晚。想要早上起得早,前一天晚上就要早点儿入睡。少年儿童每天要保证 9 小时的睡眠时间,更要有良好的睡眠质量。

· **调整生物钟**。与其等别人叫醒或被闹铃吵醒,不如调整好自己的生物钟,时间到了,自己自然就能醒来。

· **避免大脑产生疲劳**。早上用功学习,不是要把全部的精力都投入进去,否则一整天的学习效率就会变得很低。应利用早晨短暂的时光让大脑活跃起来,从而使一整天都能愉快地生活,高效地学习。

## 课前做预习，课上事半功倍

上课时，王老师正在讲课。

"老师，这个知识点我没有听懂！"赵鹏举手并站了起来。

王老师只好又讲了一遍。

晓阳手里拿着笔，一会儿抬头看黑板上的板书，一会儿埋头做笔记，好一阵忙碌。

再看看李小娜，不慌不忙，非常镇定，时不时地回应老师的问题。

"丁零零……"下课了。

"李小娜，你在课堂上表现得很积极，是有什么秘诀吗？"赵鹏主动提起了话题，晓阳也跟着凑近听。

"这个嘛，很简单啊，我课前做了预习而已。"李小娜轻松地说。

"课前预习？"晓阳和赵鹏都很惊讶。

　　"我每天会把第二天老师要讲的课预习一下,把自己不懂的、不会的挑出来,等老师讲课的时候认真听那些重点内容就可以了。"李小娜认真地说着。

　　"听起来很棒!"赵鹏跃跃欲试。

　　"那……那怎么安排时间呢?会不会耽误做作业的时间?"晓阳还有一点儿疑问。

　　"不会啊,每天写完作业后抽出10到15分钟时间,了解一下要学的基本内容就可以了,也可以做一些勾画或标注。"李小娜耐心地说。

　　"我今天回家也要试试做预习。"晓阳和赵鹏都向李小娜表示感谢。

晚上，晓阳做完了作业。他拿起课本，打开新一篇内容，从头到尾认真默读了一遍。读完后，晓阳发现果然有一些不懂的内容，便在一旁认真做好标记……

预习做完了。当他合上课本的时候，心里满是喜悦，竟莫名期待明天老师的讲课呢！

### 为什么要做课前预习

在听课过程中常常会遇到一时难懂的问题，如果听不懂老师讲的内容，跟不上老师的讲课速度，整个学习状态必然会受到很大的影响。

·课前做好预习，有准备、有疑问、有目的地听课，课堂上自然轻松，还能学到更多的知识。

·预习功课，是将一个被动听课的过程变成一个主动求知的过程，听课效果会事半功倍。

## 如何高效地预习

·**不把预习当负担**。预习不要求深，只要能够发现问题，第二天能带着问题和好奇心去听课，预习的目的就达到了；预习也不应花大量的时间，否则不但会浪费精力，还会起到坏的作用。

·**合理安排时间和内容**。不是每科都必须预习，应把有限的时间用在自己相对较弱的科目上。

·**预习方法**：①将新内容浏览一遍，了解篇幅和框架；②将内容通读一遍，朗读或默读都可以，遇到生僻字马上查字典；③遇到难懂的地方用点、线、圈等做标注，也可以将问题写在书页的一旁或记事本上。

## 向上课时间要效率

"爸爸，有道数学题想要请教您。"晓阳拿着练习册，走到爸爸面前。

爸爸看了下题目，又翻开他的数学课本看了一眼，"这道题套用公式就可以啊，一看你上课就没认真听讲！"

"我，我听了……但好像确实没认真听。"晓阳羞愧地低下头。

"这还了得！上课不认真听讲，下课肯定蒙圈，成绩必然下降！"爸爸严厉地说道。

过了一会儿，爸爸冷静下来，严肃地对他说："上课时间是最重要的，一定要认真对待这 45 分钟时间。课前要将书本、笔记本、学习用具准备好；课上要集中注意力认真听讲，紧跟老师的讲课思路，有不懂的问题要积极举手提问。记住没？"

"记住了，以后再也不会这样了。"晓阳知道自己犯错了，可他又想，妈妈说过，承认错误并及时改正，就是好孩子。

第二天上课的时候，晓阳时不时地还是会出现注意力不集中的情况，这时他就在心中暗暗地提醒自己："不要分心，要集中注意力！"

老师正在讲解一个重难点，有好几处他都没听明白，晓阳便举手说道："老师，您可以重新讲解一下这个知识点吗？我还是不懂。"老师并没有生气，而是耐心细致地又讲了一遍。

晓阳终于听懂了，老师也很满意。接下来讲的内容都比较容易，老师提问时，晓阳积极举手发言，这节课后，晓阳决定以后也要这样有效率地听课。

## 什么是"高效课堂"

·上课前一天做好充分预习，开课前将书本、笔记本重新整理一遍，并整齐地放在课桌的一角。

·听课中，眼睛要注视老师的动作和表情，思想与老师保持一致，做到全神贯注地边听、边思、边记。

·老师讲解重点、难点时，不要只顾做笔记、抄板书，这时候最好能停下笔来，仔细听老师的分析、推理。

很多解决问题的方法、技巧也是从这里学到的。

  ·如果遇到自己始终弄不懂的问题，但别的同学已经了解，这时候不应占用课堂时间，应把这个问题暂时搁置，继续跟着老师的步骤听课，等课后及时找老师请教。

  ·老师提出问题让学生回答，这是锻炼思维、口才还有自信心的好时候，应积极主动发言，让老师了解你对知识点的掌握情况，好开展接下来的内容。

## 课后复习巩固，学得更扎实

今天晓阳的作业提前完成了，富余出半个小时的时间，他决定做下复习。

"今天的数学课学了'速度乘时间等于路程'的知识，我每分钟走 60 米，从家到学校单程需要步行 15 分钟，那么从家到学校的路程就是 900 米。"晓阳回顾了下知识点，自言自语道，"哇，我可真聪明，都会将数学知识运用到生活中了。"

晓阳决定再做一道练习题："从 A 市到 B 市的总路程是 160 千米，一辆汽车的速度是每小时 80 千米，请问乘坐这辆汽车从 A 市到 B 市需要多长时间？"晓阳托着腮帮子思考："老师说公式要活学活用，我知道了，这个应用题已知路程和速度求时间，就是路程除以速度等于 2 小时。"晓阳很快地完成了练习题。

这个数学公式，晓阳也牢牢记住啦。他接着复习语文。

速度×时间＝路程

晓阳家

XX小学

　　"《乡村四月》，宋代翁卷——绿遍山原白满川，子规声里雨如烟。乡村四月闲人少，才了蚕桑又插田。"晓阳朗读着这首诗，读了一遍又一遍，他感觉很有意境呢！晓阳特意查了查资料，这首诗表达了翁卷对乡村生活的热爱，还了解到翁卷一生为了诗歌和生存游走四方，追求闲逸的生活方式。晓阳感叹："翁卷可真是个超级酷的人啊。"

　　爸妈看晓阳在房间里认真复习功课，十分欣慰："我们家晓阳都会主动复习了，功课肯定能学得更扎实更牢固！"

## 什么是"有效复习"

·**及时而经常复习**：①课后用最快的速度将老师课上讲的内容在脑海中过一遍；②当天晚上睡觉前复习一天所学的内容和要点；③次日早晨再复习、巩固一下。这样持续一周、一个月、一个学期，不仅能记住所学的内容，还能锻炼记忆力。

·**复习重点、难点**：针对这部分内容，要集中精力，加大训练密度，使自己在反复、逐层深入的思维训练中强化对重难点内容的感悟、理解，从而有效提高学习效率。

·**复习易混淆知识**：这部分内容与其他知识点在表

述、内容、结构上相似或相近，易出现记忆错误，所以要反复多看、多比较，从源头上避免因混淆造成的错误。

### 巧用复习方法

·读：将知识点内容从头到尾以朗读或默读的方式梳理一遍或多遍，加深记忆。

·想：在朗读或默读的过程中要理解和思考，在复习公式、定律时，要注意它的推导过程。

·补：复习功课时，能做到查漏补缺，更能完善对知识的掌握，如复习古文时查找它的相关故事、写作背景等，使理解、记忆更轻松容易。

·做：复习时可以一边做习题，检验自己的复习效果，一边进行调整和改进。

## 先易后难做功课，速度快，质量高

放学回到家，晓阳打开书包，准备做作业。

"先做哪一科呢？数学，语文，还是英语？"

"先做语文作业吧。语文课上要求背诵《春晓》，我已经背得滚瓜烂熟了，今天的语文作业很简单，就是把这首古诗抄写在作业本上。这个一点儿都不难！"

晓阳开始做语文作业，只见他认认真真地书写每一个汉字。

很快，晓阳的语文作业就做完了，接下来该做英语和数学了。"英语作业是本节的 10 个单词，每个写 5 遍并记住，明天老师要听写。嗯……抄写不难，但是全部记住要花一点儿时间，所以，我还是先做数学题吧，还好今天的乘法我都学会了，做算式题不是很难。"晓阳做好了决定。

晓阳预估需要 20 分钟能完成今天的数学作业，于是他定好计时器，开始答题。每道题他都仔细审题，争取做到"做一题对一题，不落一题"！最后一道题有点儿难度，晓阳计算完后不太确定是不是正确，想着一会儿请妈妈帮忙检查。

晓阳按时完成了数学作业，最后就可以集中精力一边写单词一边记忆了。

整整用了一个小时，晓阳的作业就全部完成啦。晓阳心想，先易后难做作业，速度果然快！

"妈妈，我的作业完成了，请您帮我看看这道题做得对不对。"晓阳拿着数学作业走到妈妈身边。

妈妈接过练习册，仔细看完题和他的答案，笑着对晓阳说："完全正确！"

第二天，老师把批改完的作业发到晓阳的手中，晓阳看到自己每科作业后面都批注了一个红红的"优"字，心里别提有多开心了。

**如何速度快、质量高地完成作业**

·**判断作业的难易程度：**将作业清单书写整齐，开始做作业之前，先在清单上将各科作业按照由易到难的顺序进行排序。

·**明确作业量：**预估每一项作业需要的时间。如果作业量较多，可以适当延长时间。在完成全部作业后可以有一段玩耍的时间作为奖励，以增加行动的积极性。

·**做完作业要检查**：完成全部作业后，要对照清单，查看是否有遗漏的作业，若全部无误，将次日上交的作业放进书包。

## 高效完成作业的"三个不"

·**不把做作业当苦差**：要知道做作业是帮助自己巩固、学习知识，要发自内心地愿意做作业。

·**不要让爸妈监督**：不要养成爸妈在身边就好好做作业、爸妈不在就敷衍了事的坏习惯，要知道做作业是为自己做，要抱着积极主动的态度。

·**不要三心二意**：做作业时要专注，不要一边玩儿一边做作业，也不要边惦记着看电视、打游戏边做作业。

## 选择在精力旺盛的时候学习

好朋友赵鹏最近很苦恼，他的考试成绩不是很理想，这几天都闷闷不乐的。

"赵鹏，俗话说有一份烦恼说出来后就会减半哦……"晓阳试图安慰他。

"最近每天都紧张兮兮的，从早忙到晚，不是写作业就是去补课……结果考试成绩还是不尽如人意，你说能不让人烦恼吗？"赵鹏终于说出自己的烦忧。

晓阳仔细思考了一会儿，对他说："我想你可以试着观察和记录一下自己的时间和精力的使用情况，说不定会有所发现！"

经过一段时间的观察，赵鹏总结说自己经常在感觉疲劳的时候还在学习，学完又忘了，导致精力总是很涣散。

　　晓阳听完，想到自己曾经也遇到过这样的情况，于是分享了一些经验给他："其实，是你每天学习的时间太长了，大脑就像打开了无数个应用程序的电脑，肯定会卡顿、疲惫啊，学习效果自然不会太好。"

　　"这样的学习状态既浪费精力又浪费时间，不可取。我爸爸说要在精力充沛的时候学习。"晓阳补充道。

　　"什么是精力充沛的时候呢？"赵鹏似懂非懂，仿佛看到了希望。

　　"这要根据自己的情况而定，每天除了上课时间外，其他学习时间可以由自己决定，选在自己精力旺盛的时候去学习，疲乏的时候去休息或者去做其他事情让大脑缓冲一下，休息好了再继续学习。"晓阳认真地解释着。

"哦哦，我懂了，我以后就这样做。"赵鹏眼睛里闪着光，"谢谢你帮我分析解答，排解烦恼啊！"

晓阳哈哈笑起来："谁叫你是我最好的朋友呢！"

## 科学用脑，激发学习和生活的动力

### 1. 大脑活动影响学习效率

有实验表明，大脑连续工作2小时以上就会疲劳，效率就会变低；睡眠不足时，大脑的活动也会迟钝。如果大脑处于疲惫状态，思维不活跃，学习效率自然不高；如果大脑活动常常能保持良好状态，就可以积极地思考，创造性地进行各种活动。所以要学会科学用脑，有效率地学习，快乐地生活。

### 2. 掌握用脑最佳时间

·清晨6～7时：经过一夜的睡眠休息，大脑已将前一天所接受的信息整理、归纳、记忆、清理，等待接受新的信息，这个时间段人的记忆力比较好。

·上午8～10时：进食早餐后，人的精力处于旺盛期，对各种信息理解快，判断清晰，记忆也快。

·傍晚6～8时：傍晚时分，大脑进入活动高峰期，此时的快速记忆效果通常比较好；在睡觉前，大脑不再接收大量信息，但会无意识地整理相关信息，将其保存在记忆里。

值得注意的是，由于生活习惯和遗传因素的影响，每个人的大脑的运转规律不一样，可以通过观察、记录、总结，掌握自己最佳的用脑时间。

## 像玩游戏一样设定学习时间

"妈妈，我可以玩半个小时玩具机器人吗？"晓阳用特别期待的眼神看着妈妈。

"可以呀，记得定好时间，时间到了就去学习。"妈妈嘱咐说。

"嗯！"晓阳乐滋滋地答应。

半个小时的时间过得好快，"机器人兵团大战可真带劲，要是能再玩一会儿就好了。"晓阳恋恋不舍地看着他的玩具。

"晓阳，快去学习吧，给你一个小时的时间，如果一小时内能把计划要学习的内容都学完，可以奖励你再玩 15 分钟哦！"

"真的吗？这可太好了。"晓阳有点儿惊讶。

"好，现在给你 5 分钟时间准备，5 分钟后开始计时哦。"

妈妈一边说着一边看表把控时间，并开始倒数计时，"准备时间还剩 4 分 57 秒！"

晓阳开始学习。他先做数学，今天总共要做 5 道应用题和 10 道计算题，像玩游戏一样，他先做不复杂又能快速完成的计算题，再做需要考虑周全的应用题。仅仅用了 25 分钟，晓阳的数学题就都做完了，比平时还快了 5 分钟呢！

接着是温习语文功课。晓阳先把课上老师讲的内容整理一遍，再摘录一遍优美词汇和精美短句，最后细致检查一下。短短 20 分钟时间，他的语文功课也做完啦，这比上次温习功课节省了 10 分钟时间呢。

"哇！今天做功课的时间比平时快了 10 多分钟呢，原来给学习设定时间无形中可以提高效率，学习能力也提高了呢。"晓阳又有了新的领悟。

### 为什么"慢慢学才能学得好"的观点不正确

所谓"会学习"就是处理各种信息的能力强，如果用很慢很慢的速度学，接受新事物的速度就会变慢，处理各类信息的能力也不强，很难说得上"高效率学习"。只有把握住时间，在限定的时间内将各类信息妥善整理、消化、保存，这才是会学习的表现。当然，还有很多学习需要发挥创造力，对于这类学习内容，必要的时间仍需适当增加。

[ 第七章 ]

# 劳逸结合，休息好才能更好地学习

## 课间 10 分钟，放松身心做调整

　　下课了。课间有 10 分钟时间，晓阳和小伙伴们正想着做点什么好呢。

　　"同学们，我们一起来做眼保健操吧！"正在大家犹豫着要干什么的时候，王老师提议道。

　　"好！"同学们纷纷响应，并安安静静地坐在自己的位置上准备开始。

　　喇叭里传来轻柔的前奏声——"眼保健操开始，闭眼，第一节……"同学们开始认认真真地做眼保健操。

　　音乐声停止，眼保健操也做完了。晓阳感觉眼睛周围的疲劳感都消失了。

　　"马晓阳，出去活动活动！"赵鹏喊晓阳去室外。晓阳起身来到教室外，呼吸着新鲜的空气，活动活动胳膊、腿，扭扭腰、脖子，很快，晓阳感觉身体恢复了活力。

　　快上课了，同学们陆续回到教室，回到自己的座位上。晓阳先整理好上节课的书本，将学习用具整齐摆放在课桌的右上角，从书包里拿出这节课需要的课本和笔记本，放在课桌中间，安静地等待上课铃声响起。

### 紧张状态和放松状态自由切换

长时间的专注不放松会让人感到疲劳，无法在接下来的时间里集中注意力。所以我们要学会自由切换紧张状态和放松状态。经过调整和适当放松，才能有精力继续学习和工作，这样更有益于我们的身心健康。

### 如何过好课间10分钟

·遵守课间安全守则，玩耍时不追打，不攀爬，不在走廊奔跑，不大声喧哗。

·不做剧烈运动，因为激烈的运动会让人感到疲劳，反而影响学习。

·体育等活动课后，应选择安静的休息方式；文化课后，可以到走廊、操场上适当活动。

·选择什么样的活动，要因人而异。如果是较为安静的性格，可以选择听音乐、找老师或同学聊天、远眺、深呼吸、伸展四肢、做广播体操、散步等；如果是较为活泼的性格，可以到操场上进行运动量小的游戏或活动，如打乒乓球、跳绳、踢毽子等。这些活动应在上课前 1~2 分钟内停止。

- 留足上厕所的时间。

- 做好课前准备。

设置课间 10 分钟的目的是让大脑得到休息，以良好的状态投入下一节课的学习中去，我们要过渡好这 10 分钟时间，做一个懂安全、讲文明的小学生。

## 业余时间和小伙伴尽情玩耍

　　周末，晓阳做完了家庭作业，约上赵鹏一起玩儿。玩五子棋游戏可是他俩最热衷的活动，赵鹏执白棋，晓阳执黑棋，晓阳开局落下第一个棋子，赵鹏紧随着落子，他俩一围一堵，玩得不亦乐乎。

半个小时过去了，俩人战局不相上下。赵鹏先发话了："晓阳，我们歇一歇。还有很多时间，不如组织上小伙伴们一起踢会儿球？"

"好啊！正好出去换换脑子。"晓阳表示同意。

球场上，他们组织了一个五人制的球队，晓阳和赵鹏一队。两队球员打完招呼后，比赛开始了。哨声一响，裁判发球，对方球员率先抢到了球，球很快进了晓阳一方半场，球员们纷纷奔跑拦球，赵鹏抢到了球，一脚往对方半场的方向踢去，晓阳一方队员赶紧加快奔跑速度追球，协助赵鹏。对方球员也不甘示弱，纷纷围追堵截，赵鹏把球传向晓阳，晓阳接到球后来了个急停、转身，一边运球一边往对方球门处跑，对方球员刚反应过来，晓阳紧接着来了个一脚飞踢，足球稳稳当当地"飞"进了对方球门，守门员倒地也没拦住。

"好球！"球场外传来喝彩声。球员们跑过来击掌庆祝，比赛继续。

45 分钟过得很快，晓阳一方取得了上半场的胜利。球员们个个大汗淋漓，也信心满满。中场休息，两队的球员们商讨下半场的对策，默契度也更高了……

比赛结束了，晓阳和赵鹏都认识了新的朋友。

"真是一场畅快的比赛！"

"下次还约着打球啊！"

小伙伴们各自欢笑着离开了。今天的业余活动真愉快，晓阳很享受这种酣畅淋漓的感觉，他又能带着自信心去迎接新的挑战了！

### 有趣的业余活动

业余活动丰富多彩，你喜欢的活动有哪些呢？

#### 1. 大家都喜欢的小游戏

·**敲水杯**：准备几个玻璃水杯，往杯子里添加不等量的水，拿筷子敲击不同的杯子，听发出的声音有什么不一样。

·听音乐做运动：播放轻柔的音乐，随着节拍活动或舞蹈，也可以跟随音乐歌唱。

·蒙眼猜物：用纱巾蒙上眼睛，通过触摸、拍打、闻等方式猜一猜提供的物品名称。

### 2.一起读书

·看画册：请每个小朋友看完画册后分享自己的感受和心得。

·讲故事：请每个小朋友读完故事书后，先概述故事的开始、发展和结局，再分享感受心得。

### 3.一起做手工

·折纸：准备彩纸，参考折纸书折叠出各种植物、动物、物品等，举办一个别具特色的"折纸展览"，请爸妈参观。

·做卡片：准备卡片、彩笔、绸带等，在卡片上绘画图案，写上自己的祝福，送给朋友或同学。

·玩橡皮泥：准备橡皮泥，先想一下自己想捏出什么物品，想象它的形态，开始动手塑造。

### 4.一起拼搭

·搭积木：用不同形状的积木搭建房屋、大桥、高楼，想到什么就开始吧，别忘了拍张照片留念哦。

· **拼拼图**：准备一副打乱的拼图，可以是较为复杂、块数多的拼图，相信拼完整后一定会有满满的成就感！

· **用七巧板拼图案**：可以准备好几副七巧板，利用不同的几何图形拼出各种有趣的图案吧。

5. 我喜欢

· _____

· _____

· _____

## 腾出时间，一起锻炼身体吧

"爸爸妈妈，我们一起去散步吧！"晓阳结束了近一小时的学习，满怀期待地邀约。

"嗯……你和妈妈去吧，爸爸还有一些事情要忙。"爸爸看起来有点儿疲惫，但还是坚持着工作。

"爸爸，是谁说身体好是革命的本钱？又是谁说休息好才能更好地工作的？"晓阳故意反问道。

爸爸只能暂时放下手头的工作，说道："好好好，就出去活动半小时，回来继续工作也不耽误事儿！"

晓阳一家出门了，室外的空气可真好，有的人牵着绳子遛狗，有的人在活动中心打太极拳，还有的戴着计步器跑步，大家都有适合自己锻炼身体的方式。

  妈妈喜欢跳舞，这是她独有的锻炼身体的方式。"我要开始喽！"妈妈边说边打开手机里的音乐，轻柔的声音传出来，她随着节奏开始做每一个舞蹈动作，看起来还挺像样呢！

  爸爸也开始活动筋骨，先是握拳抬起两个胳膊，用胳膊肘有力地向后甩几次，再一只手叉腰，另一只手伸过头顶往下压，然后是扭腰、踢腿……

  晓阳也不甘示弱，拿出提前准备的跳绳，随着自己的节奏，让注意力保持在"绳子来了""跳过绳子""继续再来"上，并想着"不能让绳子绑住脚"。几分钟下来，晓阳感觉弹跳力和节奏感都进入了最佳状态。

短暂而愉快的活动时间结束了，晓阳和爸爸妈妈准备回家了。

"抽出时间活动活动就是不一样啊！感觉又有力气干活了。"爸爸神清气爽地说。

晓阳和妈妈咯咯地笑着。

### 别具挑战性的体能锻炼

运动不仅有益于身体健康，而且能够起到健脑的作用。经常运动可以加快人体的新陈代谢，降低压力，使人心情愉悦，头脑也会更清晰，从而能够专心学习。

哪些运动有助于我们练习集中注意力呢?

· **跳绳**: 能提高弹跳能力、节奏感、身体协调能力等各项能力, 还能增强心肺功能, 起到综合训练的作用。跳绳操作简单, 极易掌握, 对于少年儿童来说, 是课余时间和户外活动不错的运动项目。

· **舞蹈**: 跟随轻松愉快的音乐节拍做舞蹈动作, 不仅能锻炼身体的柔韧性, 还能陶冶情操, 培养专注力。

· **乒乓球**: 打乒乓球可以使人的视线跟随一个物体不断移动, 是提高持续性注意力的好方法。且这项运动具有较强的对抗性和高度的灵活性, 可以提升我们的反应能力和控制能力。

· **游泳**: 这是一项需要身体协作配合的运动, 能增强肺活量, 提升爆发力。

· **轮滑**: 轮滑运动讲究协调平衡性与速度, 这就要求集中注意力保持自身的稳定和避开障碍物, 可以培养人的观察力、判断力和运动协调力, 能提升人的勇气、胆量, 也能排解压力, 放松心情。

## 好好休息加适度娱乐，我的周末这样过

周六到了，忙碌了一周的晓阳终于可以停下来好好休息啦。晓阳先完成了作业，其他时间自主安排：可以抱着西瓜看会儿喜欢的电视节目，可以读书、听音乐，也可以去遛狗，总之可以放松下来，随着心情做喜欢的事。

轻松自在的周六马上就要过去了，明天周日，妈妈看了天气预报——晴天，适合外出。妈妈忽然有了想法："明天咱们一家去动物园玩吧！"

"好啊好啊！""好久没有去玩儿啦！"晓阳和爸爸一口赞同。

周日，爸爸开车载着晓阳和妈妈出发去动物园，晓阳想到能看到好多好多的小动物，别提有多兴奋了。

"妈妈快看，大象卷着鼻子吃香蕉呢！"晓阳指着饲养员喂大象的方向。

"哈哈哈，是啊是啊。"妈妈扭过头来看。

"你看那边，小猴子上蹿下跳的，真活泼！"爸爸说。

"大熊猫憨憨地吃竹子呢，哈哈……"妈妈说。

来到斑马活动的区域，晓阳忽然想到在一本科普书上看到的知识。

"爸爸，考您一个问题，斑马是白马还是黑马？"晓阳故作神秘地问爸爸。

"嗯，让我想想，斑马是……白色条纹的黑马。"爸爸回答。

"答对啦！"晓阳和妈妈齐声回应。

逛累了，三人躺在园里的草坪上看天空。

"云朵白白的，真像一团团棉花。"妈妈说。

"那不是棉花，是软绵绵的羊儿！"爸爸说。

"不对不对，是甜津津的棉花糖……"晓阳说。

"哈哈哈哈——"

伴随着动物园之行的结束，轻松愉快的周末时光也告一段落了。晓阳感叹："好好休息加上适度的娱乐活动，这样过周末生活才多彩！"

## 和爸爸妈妈一起玩亲子游戏

· **玩玩具**：邀请爸爸妈妈和自己一起玩玩具，如搭积木、拼拼图、拼乐高等。

· **跳彩格**：将不同颜色的小块彩色垫铺在地上，根据对方的指令跳到相应的垫子上。

· **角色扮演**：利用家里的物品当道具，通过模拟情景和角色扮演，在玩中获得有趣的体验。

· **编续故事**：让爸爸妈妈讲述故事的起因、经过，不讲结尾，小朋友续编故事，这可以发展想象力。

· **补充画面**：让爸爸妈妈提供未完成的画，小朋友发挥创造力，补充缺少的部分，构成一幅完整画面。

· **探讨话题**：提出问题请对方作答，可以是开放式的问题，有多种答案；也可以是双方就不同的观点进行辩论。